勉強が好きになり、IQも学力も生き抜く力もグングン伸びる

脳科学学習塾 RAKUTO 代表
福島美智子
Fukushima Michiko

最強の子育て

GREATEST PARENTING

12歳までに子どもが賢く、強くなる61のリスト

すばる舎

はじめに ——子どもの才能は楽しく伸ばせる！

「子どもが勉強好きになってくれたらなぁ」

「自分から勉強できるようになってほしいなぁ」

「子どもの可能性を、最大限伸ばしてあげたいなぁ」

「どんな時代でも生き抜ける子に育ってほしいなぁ」

「どうしたらわが子が天才になるんだろう？」

そんな希望をもった親御さんたちが、日々私のスクールを訪れます。


「いい教育を受けさせてあげたいけど、何をしてあげるのがいいんだろう」

「いろいろな体験をさせてあげたいけど、忙しいし、あまりにも難しいことはとても家庭ではできないかも…」

「苦しいばかりの勉強ではなくて、できれば子どもを楽しく伸ばしてあげたい」

こんな相談も、よく耳にします。

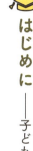

私は二十数年間、脳科学にもとづく幼児・小学生教育に携わっています。乳幼児から小学生、ときには大学生や大人にも、ＩＱや学力、能力をアップさせるためのメソッドを教え続けてきました。

そのなかで痛感していることは、

「子どもの一生は、ほぼ12歳までの習慣で決まる！」

ということです。

勉強する習慣、考える習慣、何かに取り組む習慣…など、一生を左右する習慣は、12歳までにつくられます。その習慣のなかで、想像力や創造力、さらには生き抜く力も育まれていきます。

12歳までに習慣化ができていないと、そのあとで急激に伸びるのは難しくなってしまうのです。子どもの才能の芽を、目一杯伸ばしてあげたいなら、子どもが小学生のうちに、大切なことを身体で覚えさせてあげてほしいのです。

ではそのためには何をすればいいのでしょうか。

じつは、**年齢ごとに習慣を変えることで、脳がグングン育ちます。**

私のスクールでは、6～8歳をホップ期、9～10歳をステップ期、11～12歳をジャンプ期と分けて、それぞれの時期にもっともいい習慣を子どもたちに身につけてもらっています。

- 0～6歳では、五感を豊かに育む
- 6～8歳（ホップ期）では、身体を使って体感する
- 9～10歳（ステップ期）では、あれこれと試行錯誤をする
- 11～12歳（ジャンプ期）では、培《つちか》ってきたものを分類・整理する

この流れで大人が子どもに関わっていると、驚くようなスピードで、子どもたちは伸びていきます。

何も難しいことはありません。

誰にでもできる、親子のほんの少しの心がけで、ＩＱも学力も生き抜く力も、

ぐ〜んとアップするのです。キーワードは**「才能は楽しく育む」**です。

私のスクールに通う小学生の子どもたちは、学習時間は少ない割に、成績がいい子が多いという特徴があります。そしてこんな結果を残しています。

- 6年生になっても、サッカーや野球に打ち込みながら、学校では1〜2位に入っている
- IQ200を超えた（IQ180超の子どもの割合は人口の0・025％）
- 2年生で発明工夫展で賞をもらった
- 4年生で英検2級に合格した

勉強はもちろんのこと、学力だけに偏りすぎず、将来大人になっても役立つ力を伸ばしている子が多いのです。

勉強漬けになるような日々を過ごさなくても、生徒たちの中学受験の第一志望合格率は90％以上です。一般的な第一志望合格率は約25％といわれていますが、みんな驚くような結果を残しています。

12歳までに楽しく才能を育めば、中学受験をするかどうかに関わらず、勉強好きになり、IQも学力もアップしていきます。


本書は、ぐ～んと伸びた子どもたちに共通していた習慣や、家庭での関わり方のなかで、

「ぜひこれだけはやっていただきたい！」

「こんなことは子どもにしないでほしい！」

という内容を、年齢ごとに1冊に凝縮させてまとめました。

できるところからでかまいません。

ぜひ、親子で一緒に、楽しく才能を磨きましょう。

2017年9月吉日　福島美智子

勉強が好きになり、ＩＱも学力も生き抜く力もグングン伸びる

最強の子育て

もくじ

PART 2 0〜6歳の子どもの天才脳を伸ばす習慣

PART 3
「体感」で才能が育つ6～8歳の習慣

身体で
感じさせよう

PART
4 「試行錯誤」でぐ〜んと伸びる9〜10歳の習慣

なんでも体験させるといいね

PART 5

「分類と整理」で成績アップできる11～12歳の習慣

PART 6
勉強が楽しくなるメモのとり方、文房具の選び方

PART 7 学力アップ&中学受験に強くなる親の関わり方

こんなときどうしたらいい？ IQがアップする勉強の仕方Q&A

カバーデザイン　井上新八
デザイン・DTP・イラスト　石山沙蘭
編集協力　星野友絵（silas consulting）
小齋希美（silas consulting）

PART

1

子どもの生き抜く力を
グングン伸ばす「親の心がまえ」

失敗しても叱らない

子ども時代＝失敗から学べる時期

「〇〇したら、△△になっちゃうから、したらダメよ」
と先まわりして注意をする親御さんがいます。失敗すると
「どうして、そういうことをしちゃったの!?」
と失敗を叱る親御さんもいます。

これは、じつは逆効果。子ども時代に失敗したことがなかったり、失敗したことを叱られてばかりいると、新しいことにチャレンジできない子になってしまいます。

ひと昔前からは考えられないスピードで変化する時代です。子どもたちは、新しいことにどんどんチャレンジする力を身につけなければいけません。それに、**失敗を叱られてきた子どもは、できなかった言い訳をするようになります。**

これでは、勉強も、将来の仕事も、先に進んでいきませんね。

では、どうすればいいのでしょうか。まず**先まわりして注意しないこと**です。子どもが何かをしているとき、「これは失敗するな」とわかることがあっても、ぐっとこらえて、体験させてあげましょう。子どもが不安そうにしていたら「やってみたいなら、やってごらん」

と背中を押してあげてください。

ときには「失敗した〜！」と泣きながら帰ってくることもあるはずです。

そんなときには、

「どうしたらよかったんだろうね」

と一緒に考えるようにすると、失敗にへこたれない子になります。

〝失敗から学ぶ力を育てる〟

物を与えすぎない

がまんする心が育つ

おもちゃやゲーム、携帯など…私たちのまわりにはいろいろなものがあふれています。

そんなとき、安価なものだったら、「これくらいならいいか」と買ってしまうことがありませんか？

じつは、小学生期に物を買い与えすぎると、がまんする心が育ちにくくなります。**子どもがものすごくほしがるものがあっても、すぐに買い与えずに、少し待ってみましょう。**すると、子どもは自分で工夫するようになります。

私は、小さい頃、シリーズものの人形を持っていました。その人形の洋服やドールハウスがほしかったのですが、買ってもらえませんでした。
そこで、想像力をフルに使って段ボールを使ってドールハウスを作り、布の切れ端を縫い合わせて何着か着替えの服を作って遊んでいました。

このように、子どもは、なければどうしたらいいかを必死に考え、自分の身のまわりにあるもので工夫するものです。
いま、さまざまな企業で、「ほしい人材は創造力のある人」といわれていますが、新しいものを生み出す力は、12歳までに育まれます。

子どもが「〇〇がほしい」と言ってきたら、本当に必要かを考えてみましょう。基準は、将来に役立つものになるかどうかです。それ以外のものはあえて買わない。すると、案外子どもは自分なりに工夫して遊びはじめますよ。

〝「足りない」ことが創造力を育てる〟

わが家ならではの「家庭内憲法」をつくる

社会で生き抜ける子に育つ

家庭内憲法というのは、「わが家のなかで守るべき柱」です。
私は、家庭内憲法は、どの家庭でも設《もう》けることをおすすめしています。
なぜいいのか、理由は2つあります。

1点目は、**家庭の教育方針がぶれなくなる**こと。
わかりやすい教育方針がないと、子どもはわがままになってしまいます。また、
おかあさんがブレていると、
「あのときはああ言ったのに、今日はちがうじゃないか！」

と子どもの不満がたまっていきますね。

2点目は、**社会のルールを守れる子になる**こと。

どれだけ才能があっても、社会のルールを守れないと、社会人になったときに認めてもらえません。子どものうちから、当たり前のようにルールを守れる習慣を身につけておくと、将来社会に出たときにも、社会のルールを尊びながら行動できるようになり、まわりから信頼されます。

家庭内憲法は、親も含めて、よほどのことがなければ例外は認められません。**家族で守るようなものをいくつか決めておくといい**でしょう。

あるご家庭の家庭内憲法には

「プレゼントは年に3回。誕生日とクリスマスとお正月のみ」

というものがありました。どんなにほしいものがあっても、その時期まで待たせていたそうです。

また、ほかにも

「高校卒業までは外泊禁止」

という家庭内憲法をつくっていた家庭がありました。

「夜寝る前には子どもと話をしたり、本を読む」

というものもありました。


このように、何でもＯＫで、子どもの成長によって変わるものでもいいのですが、家庭内の方針が表れているものが望ましいですね。

親が守るルールも設けよう

また、おすすめしたいのは、一方的に子どもだけが守るものばかりの家庭内憲法ではなく、親も含めて守るルールが入っているようにすることです。


子どもばかりに押しつけるようなものでは、

「おかあさんは、私にばっかりルールを押しつけるけど、自分は勝手なことばっかりやって、言ったことも守らないじゃない！」

と子どもが反発して、反抗期になるとまったく守らなくなるということに…。

ルールをつくっておくことで、親の気分次第で言うことをコロコロ変えることもなくなり、基準がぶれなくなります。

子どもが中学生以降になったとき、
「どうしてこんなルールなの？」
と聞いてきたら、決めた理由を話してあげるといいでしょう。そのほうが納得できます。

ただ、一度決めた家庭内憲法を、子どもが反発するからといって変えるのはやめましょう。反発すれば変えてくれるものだと思わせてしまうからです。

家族にとって、いいルールを設けたいですね。

〝家庭内憲法が行動の習慣をつくる〟

子どもの教育には親が責任をもつ

そのほうが子どもの才能は伸びる

子どもが高校生までは、教育の責任は親がもつことをおすすめします。

とくに**小学生までの子どもの場合は、まだ先を見通す力がありません。**子どもの意見は聞きつつも、最終的には親が責任をもちましょう。

習い事は、芸術的なものに触れさせてあげると感受性が豊かになります。迷うようなら、**体操系、音楽系、美術工作系から選んであげてやらせるといい**でしょう。いざはじめたら、よほどの理由がないかぎり続けさせましょう。

わが家では、子どもたちには4歳からピアノとマリンバを習わせました。上の子には音楽の素質もあったので、「やめたい」と言ったことはありませんでしたが、下の子は小学生の頃「ピアノ教室に行くの嫌だ」と反抗したことがありました。ピアノ教室の先生に相談すると、課題をこなせていないことがわかりました。そこで、先生に課題は出さずに教室の時間だけ練習させてほしいと頼みました。すると、その後もやめることなく高校2年までピアノを続け、結果的には音楽が得意に。下の子からは「あのときやめなくてよかった」と感謝されました。

学校選びについても、中学受験までは親が責任をもって考えてあげましょう。気をつけたいのは、レールを引きすぎないこと。

「英語が好きな子だから、対話型の英語の教育を受けさせよう」

「人見知りをするので、アットホーム型の学校を選ぼう」

など、その子の個性も考えたうえで、選んであげることが大切です。

“親のサポートで子どもは伸びる”

きょうだいへの愛情は、どの子にも100%

愛されている実感がある子は愛され上手な子になる

きょうだいがいる場合、

「どの子にも同じように接している」

と思っていても、子どもからは
「おねえちゃんばっかり…」

「○○くんばっかり…」

と言われたりすることがありませんか？　悩ましいですね。


子どもは、比較されてひがんでしまうと、「私を見て」と過剰な自己アピールをしたり、反対に自信がなくなって、物事に消極的になってしまったりします。

それでは、どのように接したらいいのでしょうか。

2人子どもがいたら、2人にそれぞれ100％！ 3人子どもがいたら3人にそれぞれ100％！ 愛情をかけるようにしましょう。しっかり愛されていると感じられる子は素直になりますし、ほかの人からも愛される、愛され上手な子どもになります。そのためには次の3つを心がけるようにしましょう。

比較しない

つい、「お兄ちゃんはできたのに、この子は同じ年齢になってもできない」と、思ってしまうことがありませんか？ 言葉にしなくても、子どもは態度で敏感に察するので、**そういう気持ちが浮かんできたら「キャンセル！」と心のなかで唱え、その子のいいところを3つ思い浮かべる**ようにしてください。そうすると、「この子にはこの子のいいところがあった！」と思うことができます。

それぞれの個性に合わせて、やらせることも考えてあげる

同じように育てても、それぞれの個性があるので、得意、不得意が違います。それぞれの子に合わせて、やらせることを選んであげるのがおすすめです。

習い事も、きょうだいで違っていていいのです。上の子は工作が好きだと思ったら工作を、下の子は身体を動かすのが好きなら運動系のものを、別々に選んであげてもいいでしょう。そうすることで、子どもは自分に合った特技をのびのびと発揮していけるようになります。

それぞれの子と向き合う時間をつくってあげる

いつもきょうだいみんなで話をするのではなく、できるだけそれぞれひとりずつと話をしたり、一緒に何かをする時間をつくるといいですね。

子どもは

「おかあさんが世界で一番好きなのは私（僕）」

と思いたいので、**それぞれの子がおかあさんを独占する時間をつくることで、愛されていることを感じられるようになります。**1日ひとり10分でもいいので、そういう時間をつくるように心がけましょう。

〝人が寄ってくる愛され上手な子に育てる〟

お利口さんを育てようとしない

お利口さんはじつは伸びない!?

大人から見て「お利口な子」というのは、口ごたえをしない、言われたことはやる、大人の時間を邪魔しない…といった、大人にとって「都合のいい子」のことです。こう言われると「それでいいのかな…」とちょっと心配になりますね。

以前こんな相談を受けたことがあります。

「この子はうるさくて、『静かにしなさい』と言ってもききません」

詳しく尋ねてみると、わからないことがあると、しょっちゅう質問しにきたり、何かを見聞きすると、親につきまとうように話をしてくるとのことでした。

興味・好奇心があったり、自分の考えを表現したくてたまらないという子の場合、こういった傾向がよくみられます。とくに低学年の子に多いですね。

子どもの頃は、手がかかるので大変な子に思えたりしますが、**いまグローバル社会で求められているのは、自己表現ができる人**なのです。それでいえば、この子はぴったりかもしれません。

好奇心が子どもの天才脳を育てる

以前、テレビで海外留学生の就職活動を特集した番組を観たことがあります。ある海外留学生が面接を受けていて、英語で書かれている文章を日本語に訳しなさいという課題に取り組んでいました。1回目に失敗してしまい、面接官に

「ここまで」

と言われたのですが、その子は、なんと

「もう一度やらせてください」

と言ったのです。その後も失敗し、もうあきらめるかと思ったのですが、再度

「もう一度やらせてください。今度こそ大丈夫です」

と食い下がりました。

結果的に、その子は内定を獲得することができました。

レポーターが面接官に理由を聞くと

「熱意があり、何があってもやり遂げる力を仕事にも発揮させるのではないかと思いました」

と答えていました。

子どもの頃、大人から見た手のかからないお利口な子は、きっとこんなときに、すごすごと帰っていったのではないでしょうか。

人にイヤな思いをさせたり、公共の場などで周囲に迷惑をかけてしまったなら、そのときは叱りましょう。ただ、子どもが好奇心をもって動いていることについては、むやみに叱ったり、否定しないで見守ってあげてください。

その好奇心は、子どもの才能の大事な〝芽〟です。親が見守ってあげることが、子どもの才能をグングン伸ばすことにつながっていきます。

〝個性の芽を見つけて伸ばしてあげる〟

新しいものを創造する子に育てる

想像力・発想力・工夫力ですごい子が育つ

新しいものを創造する力は、大人になってから一瞬で身につくものではありません。子どものうちから、育てる必要があります。

いまの時代、かつてないほど、新しい技術や製品が生まれています。ゼロから1をつくるような、新しいものを創造できる人材が、求められているのです。

ではどんなふうに育てたら、そんな人材になれるのでしょうか。

12歳までに育てたい力は次の3つです。この3つの力が育っていると、将来新しいものを生み出すことができるようになります。

想像力

実際にないものを想像できる力のことです。

頭のなかで想像できないと、新しいものを生み出すことができません。頭のなかでりんごを想像してみたり、昨日の夕飯を思い出してみるということからはじめるといいですね。

物語のその後の話を考えさせるのもいいでしょう。

たとえば赤ずきんの物語を読み終わった後、

「このあと、赤ずきんはどうしたんだろう?」

と子どもに話をさせ、話が続かないようであればおかあさんが続きを少し考えて話し、またその続きを子どもに考えさせていくようにして、交互にやってみるのもいいでしょう。

発想力

新しいものを生み出す力のことです。

「こういうものがあったらいいな〜」

と思いをめぐらせていることが、発想力につながっていきます。何か壁にぶつ

かったら
「どういうものがあれば、できるようになるかな？」
などと声かけをしましょう。
声かけをしても、なかなか考えられない場合、すでにあるもの同士を組み合わせることで、新しいアイデアを考えてもらいましょう。
つまり〝いまあるもの×いまあるもの＝新しいもの〟。たとえば
「まだ世の中にないジュースを考えてみよう。さくらんぼ＋炭酸＝しゅわっちさくらんぼ！」
などと一緒に遊んでみてください。

工夫力

自分のほしいものになるように、いろいろやってみる力のことです。

発想まではできても、この工夫力がないと形になりません。実際にものを作らせる習慣をもつといいですね。

うちのスクールの生徒に、紙で、荷馬車をつくっていた小2の女の子がいました。紙なので、

「荷馬車が立たない」

と言っていろいろ工夫していたのですが、割り箸を使うことで立体的な荷馬車が完成しました。頭のなかだけでの工夫というのは小学生のうちはまだまだしづらい年齢ですので、実際に手を使ってやらせてみるといいでしょう。

このときに心がけたいのは、できるだけ親は手を貸さないようにすること。必要なアドバイスだけにとどめておくことで、子どもは自分で工夫する力を身につけていきます。

たとえば、先ほどの荷馬車の例でいうと、荷馬車が立たないと嘆いている子どもに

「割り箸を使ってみる？」

という声かけをするということです。親がついやってあげたくなってしまいますが、そこはぐっと我慢です。

〝子どもをクリエイターに育てる〟

子どもの可能性を信じ続ける

信じてもらえている子はめきめき伸びる

子どもの心配をするより、可能性を信じている家庭のほうが、子どもはぐんと伸びます。

「どんなことだってできる！」と両親に信じてもらえると、子どもは自分の可能性の翼を大きく広げることができるようになります。

こう言われると、誰でも頭では「そうだよね」と思うのですが、日常生活で子どものマイナス面を目にすると、

「こんなことでは○○になってしまうわよ！」

と、つい子どもに言ってしまうことはありませんか？

そうなると、子どもは自分のことを「ダメな子だ」と思ってしまうことも…。

こんな例があります。小学生の頃に運動が苦手だった男の子がいました。まわりからも「あの子は運動オンチ」と思われていたのですが、母親は
「大丈夫！　あなたは運動ができるようになるわよ！」

と言い続けました。結果的に、その子はその後めきめきと運動ができるようになり、なんとテニスの特待生として中学校に入学したのです！　親の言葉かけや子どもの可能性を信じることが、いかに子どもの才能を伸ばすことにつながるのかがわかりますね。


「どんな失敗をしても、あなたは世界にたったひとりしかいないいんだよ」という目で見てあげましょう。大好きな親が、可能性を信じてくれるからこそ、子どもは世間の荒波のなかでもがんばれるのです。

〝根拠のない自信のある子に育てる〟

おかあさんが太陽のような存在になる

明るくおおらかな母親の子は、大輪の花を咲かせる

太陽のようなおかあさんというのは、どういうおかあさん像でしょうか?

- 明るくて、ニコニコしている
- ポカポカとあたたかい
- おおらかで親しみがある

こんなおかあさん像が、浮かんでくるのではないでしょうか。

家庭の要であるおかあさんが太陽のようであれば、子どもにとって、家は安心できる基地になります。外でつらいことや大変なことがあったとしても、家庭で癒されるので、また元気になって外でがんばれるのです。

太陽のようなおかあさんになるために必要なポイントは次の3つです。

ぜひ参考にしてみてください。

明るくて、ニコニコしている
↓「1日に1回子どもと一緒に笑う」ことを心がけよう

自分の顔を鏡で見てみましょう。

いつも眉間に皺《しわ》が寄っていませんか？

口元はへの字になっていないでしょうか？

1日に1回以上声に出して、笑っているでしょうか？

明るくて、ニコニコしているおかあさんが、そばにいるだけで子どもは元気になります。

●子どもの気持ちを察してあげられる
↓1日に1回は子どもを抱きしめてあげよう

子どもがどうしてほしいかを考えて接することができるおかあさんは、ポカポカとあたたかい存在そのものです。

イソップの寓話『北風と太陽』の北風のように、自分がしてほしいことを相手に押しつけると、つい怒鳴り声が多くなってしまいますが、太陽のように、相手がしてほしいことを察してあげられると、親がガミガミ言わなくても、子どもが自分から動くようになっていきます。

子どもからスキンシップを求めてくるなら、いい関係が築けている証拠。おかあさんがごきげんでいるほうが、子どもは寄ってきます。

●おおらか
↓1日に1回「まっ、いいかぁ」と声に出してみる

自分のひとり言に注目してみましょう。
プラスのことが多いでしょうか？
それともマイナスのことが多いでしょうか？
マイナス面にばかり目を向けず、おおらかなほうが、まわりもしあわせです。
おおらかなおかあさんがそばにいることで、子どもも自由に発言するようになります。

日々子どもを相手にしていると、ついイライラしてしまうこともありますが、おかあさん自身が完璧主義をやめてしまえば、ラクになりますね。おかあさんがどしっとかまえていて安定している家庭は、とても明るくて平和に満ちています。
そんな家庭の子どもは、才能を自由にグングン伸ばすことができるのです。

〝元気でイキイキとした生活が、子どもの意欲を育てる〟

いろいろな人と交流できるように育てる

柔軟性が身につけば、どんな社会でも生き抜ける子になる

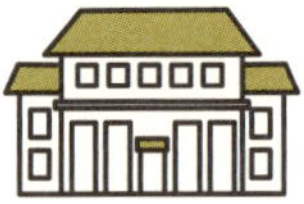

子どもの交友関係に悩むことはありませんか？

子どもがいろいろな人と関わるようになってくると、

「あの子とは遊ばせたくない」

「もっとこういう子たちと一緒にいてほしいのに」

「あの先生はうちの子をかわいがってくれていない」

など…、つい子どもの人間関係に口を出したくなってしまうこともあるもの。


でも、子どもは家庭だけで育てるものではありません。

家庭が基盤にはなりますが、成長するにつれて、学校へ行ったり、友達の家に行ったり…と地域でさまざまな人に触れ合います。

そのなかでの体験が、じつは子ども自身を育てる肥やしになっていくのです。

学校で子どもがケンカしてきたら、すぐに親が抗議しにいくケースがありますが、よほどのことでなければ、子ども同士にまかせておいたほうがいい場合も多いのです。

社会に出るようになれば、嫌いな人も出てきますし、意見の合わない人とも仕事をしていかなければいけないこともあります。そんなときに、**子どものうちからいろいろな人と関われる柔軟性を身につけておくと、人間関係に悩まず、活躍できる子になります。**

いくら頭がよくても、コミュニケーション力がなければ、やはり社会に出てから苦労してしまいます。

偏屈であったり、人を否定してばかりいたり、他人の意見を受け容れられないようでは、ただの「気難しい人」と思われてしまいますよね。

私たち親は、子どもがどんな世界に身を置いても生き抜けるコミュニケーション力を磨かせてあげたいものです。

私たち親が自分以外の人々を信じることも大切

そのためには、親である私たち自身の人との関わり方も見直しておいたほうがいいですね。

たとえば、子どもの前で学校の先生の悪口を言うと、子どもはすっかり信じてしまい、そういう目で先生を見るようになりますし、親の言動を真似します。

こちらの考えと、まわりとの考えが違っているとき、つい批判したくなってしまいますが、そこはぐっとこらえましょう。

いろんな人がいて、揉まれるからこそ社会性が育つもの。

日頃の人間関係には、「かわいい子には旅をさせろ方式」で、片目をつぶって、見なければいけない最低限だけにするくらいがちょうどいいですね。

最近では、グローバル社会で生きていくために、多様性を育てておく(ダイバーシティ）ことが重視されるようになってきています。

こう聞くと、

「海外の人と触れ合わせなくちゃ」

と思ってしまうことが多いのですが、もっと身近な、自分とは考えの違うほかの人との交流も「多様性を育てる」ことにつながります。

その第一歩は、親が自分以外の人々を信じることからはじまります。

子どもたちと一緒に、私たちも成長したいですね。

〝いろいろな人の考えを取り入れられる子どもにする〟

「ホンモノ」をたくさん見せ、体験させてあげる

ホンモノに触れる子は一流になる

「ホンモノを見分けるようになるには、まずホンモノだけをたくさん見ることだ」

と聞いたことがあります。偽物と比べるより、ホンモノだけをたくさん見て、ある時期になって偽物を見ると、自然と違いがわかるようになるのだそうです。

何かをつくるとき、

「もうこのへんでいいかな」

とやめたくなることはありませんか？　でも、ホンモノがわかる子は、納得いくまでやり遂げます。

よく、テレビドラマなどで、陶芸家が造った器を自分で割るシーンが放映されることがあります。あれは、芸術を極めた人は「これでは違う」とわかっているからです。まわりの人から見てもわからない程度の違いですが、本人はホンモノではないことを知っているのです。そういう作品が後世まで残るのでしょう。

社会に出たときに、仕事で求められる質の高さは、こういった感覚が育っていれば、自然にできるようになります。でも、その感覚が育っていなければ、評価される仕事はできません。

この感覚を子ども時代に育てるには、美術館や博物館や演奏会に連れて行ったり、名作を読んだり、自然に触れさせたり…と、実際にホンモノに触れる体験をたくさんさせてあげることです。

「まだわからないかも」と思う必要はありません。**ホンモノに触れることで、自然と質の高い勉強、レベルの高い仕事ができるようになるのです。**

〝ホンモノに触れていると、よりいいものを目指せる子になる〟

PART

2

0〜6歳の子どもの天才脳を伸ばす習慣

早寝早起きの習慣をつける

体内リズムは幼児期につくられる

体内リズムは、幼児期までの生活習慣でつくられます。

このリズムが狂っていると、学校へ通う年齢になったとき、朝なかなか起きられなくなってしまうのです。

小さい頃は親が無理にでも起こすことができるのですが、中学生以上になってくると、難しくなってきます。

体内のリズムが狂っていると早起きがつらいので学校を休むということも…。

子どもの本来のリズムは早寝早起きですので、それに合わせて親も一緒に起きるのがおすすめです。できればベランダに出て、外の空気を吸ったり、少しの時間でも散歩したりするといいでしょう。

1日に1回は公園や自然のなかで遊ぶ

自然のなかの刺激で脳が育つ

じつは自然のなかで身体を動かすことで、脳が育ちます。
鳥の鳴き声や風の音、木々が揺れる音、さまざまな形をした木や小山、匂いなど…、自然の世界では、家のなかにいるのとは比べ物にならないくらいの刺激を受けることができます。遠くにいる鳥と近くにいる鳥では、鳴き声の大きさが異なり、距離の違いをつかむことができます。強い風が吹くときの木々の揺れる音と、弱い風のときでは聞こえ方が違いますね。**体感することで、五感も育ちます。**

1日に1回は、公園や自然に触れさせてあげましょう。時間が許せば、2時間以上は外遊びをさせてあげたいものです。また、危険なことでない限りは、自由にのびのび遊ばせてあげてください。制限しないほうが、好奇心が育ちます。

食事の時間は決まった時間にして ダラダラ食いはさせない

おやつを食べすぎていないか見直すと◎

しつけの第一歩は、食事だといわれています。

子どもは遊びに夢中になると、食事の時間になってもそわそわして席を立ってしまい、また遊びに戻りたがります。子どもの自由にさせておくと、少し食べては遊ぶことを繰り返して、ダラダラ食いになってしまうので要注意。

食事は決まった時間までがまんさせる。そして食事の時間にはしっかり食べて、それ以外の時間はがまんさせるという習慣を身につけさせましょう。

ダラダラ食いをするご家庭の話を聞いてみると、頻繁におやつを食べていたり、食事よりおやつの量のほうが多いというケースがよくみられます。おやつの時間と量を見直してみるといいですね。

がまんすること、待つことを覚えさせる

2歳半をメドに、ルールを守らせよう

2歳ぐらいまでは、まだがまんすることができません。ともだちと一緒に遊んでいると、順番を守れなかったり、ほかの子が遊んでいるものを見るとほしくなって、取り上げてしまったりします。

1～2歳の頃は、「そういうことをしてはダメだ」ということが理解できないうえ、自分のやりたいことにまっしぐらになる時期でもあります。外に連れ出したり、ほかのおもちゃを渡すなどして、気分転換させてあげましょう。

2歳半をすぎたら、相手の気持ちを考えさせたりルールを守れるようにしてあげたい時期です。それを覚えられると、相手のことを思いやる心も育ちます。やってはいけないことについては、繰り返し理由を話しましょう。

季節のものに触れさせる

日本文化や家族を大切にする子に育つ

季節の行事には、日本の文化が織り込まれています。**小さい頃から行事を体感したり、その成り立ちを聞くことで、日本が古来からどんなことを大切に育んできたのかを知ることができます。**

将来海外にいくと、「日本とは?」という質問をされることが多くなりますが、行事には、その問いへの答えがたくさん入っているのです。たとえば、節分では「鬼はそと、福はうち」と言いながら豆まきをします。昔は2月4日から新しい年になるといわれており、悪い気を祓《はら》って新しい年を迎え、みなが健康であるようにという祈りから豆まきをしていました。そんなことを話しながら、家族で豆まきをしてみましょう。日本文化や家族を大切にするようになっていきます。

土いじりと水遊びをさせる

感じる心、感性が育つ

幼児期に五感を使って遊ぶと、自然と「感じる心」が育ちます。「感じる心」は感性のもとになります。感性というのは、「外界からの刺激を直観的に印象として感じ取る能力」といわれています。

芸術を理解する力や場の空気を読む力、インスピレーション、運動や勉強ができるようになる力なども、感性がもとになっているといわれています。

とくに、土いじりや水遊びは、子どもが大好きな遊びのひとつです。手でこねまわしたりして、自在に形や量を変えることのできる土いじりや水遊びをさせると、時間を忘れて夢中になって遊びます。幼児期には、五感を使って体験させましょう。

テレビや携帯電話をなるべく遠ざける

テレビは1日30分程度までが望ましい

テレビや携帯電話からはブルーライトが出ています。これを過度に浴びると体内時計が狂うといわれています。幼児期には生活のリズムを整えて習慣化することが大切ですから、ブルーライトは大敵です。

体内リズムが狂うと、眠っているのに身体がだるくなったり、夜型になって朝の目覚めが悪くなったりして、1日中ぼーっとしてしまうことも…。

できれば1日30分程度にしたいところです。

5歳ぐらいまでは、できるだけ親が向かい合って遊んであげましょう。人と人同士でしか得られないものがたくさんあります。また、ひとり遊びは空想力や想像力が育ちますので、遊んでいるときはそっとしておいてあげましょう。

自分の言葉で言いたいことを言えるようにする

親がお手本を見せてあげよう

幼児期は、まだまだ言いたいことを言葉にするのが苦手です。

一緒に生活していると、子どもが「ちょうだい」と言うだけでも、何をほしがっているのかわかるため、親はつい「これね」と言って渡したりします。

「まだ小さいから言葉を話せなくていいか」と思いがちなのですが、小さい頃から、できるだけきちんとした言葉で言いたいことを正確に伝える習慣をつけてあげましょう。子どもが「ちょうだい」と言ったら、「みかん、ちょうだいね」と親がお手本を見せて「『みかん、ちょうだい』と言ってごらん」と伝えます。

子どもがちゃんと言えたら、「言えたね！」とほめてあげましょう。

こんなやり取りを繰り返すことで、言葉にする習慣が身につくのです。

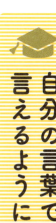

理由を伝え、筋道を立てて話す

理由を伝えれば、自分で考えられる子になる

何かしてほしいときや、やってはいけないことを伝えるときには、ただ「○○してはダメ！」「○○しなさい！」と言うのではなく、理由も伝えるようにしましょう。**理由を伝えることで、「なぜ（親が）そうしてほしいのか」「なぜやってはいけないのか」がわかるようになり、次第に自分で考えて行動できるようになります。**


「まだ1時だし、あわてなくても大丈夫。バスに乗れば間に合うよ」

「お金が足りないから、お菓子は買えないね」

「そのおもちゃは、○○ちゃんのものだから、ちゃんと『かして』と言ってみようか」

繰り返し伝えて、気長に待つ

子どもが自分できちんと説明できないときには、「どうしてそうしたいの？」と質問して、自分で理由を考えさせましょう。

ただ、すぐに親の言っていることを理解できたり、自分で考えて行動できるようになるわけではありません。

よく

「何度も理由を話しているのに、わかってくれないんです」

「自分のやりたいことがあると駄々をこねて聞いてくれません」

という悩みを耳にしますが、すぐに身につくのではなく、繰り返し伝えることでようやくわかってきますので、気長に待ちましょう。

ちょっと苦手なことも挑戦させる

4歳をすぎても駄々をこねるなら、親が手を出しすぎているサイン

子どもが「できない〜！」と泣き出すと、つい親が助けてあげたくなります。これを続けていると、やりたくないことはやらない子になってしまいます。4歳をすぎても大騒ぎして駄々をこねるなら、親が手を出しすぎているというサイン。

「一緒にやろうね」
「ほらほら、こうしてみると、あら…こんなになっちゃったね」
「○○ちゃん、ほらハサミ持ってやってごらん」

とうながすようにしましょう。

苦手なことはひとりでやるのは嫌でも、親と一緒ならやるようになります。

紙とセロテープとホッチキス、ハサミは、いつも取り出せるところに置いておく

自然と創造力が培われる

買ってすぐに遊べるものしか与えないと、すぐにあきらめるクセがついてしまいます。「ほしいものがなければ、自分で作りだせばいいんだ」という発想は、じつはとても大切です。あきらめない力、自分で工夫して何かを生み出す力は、大人になっても、かならず必要とされるからです。

そのためには、ぜひ子どもの手の届くところにセロテープ、ホッチキス、ハサミを置いておくようにしましょう。すると、足りないものを自分でつくって遊ぶようになります。それが、**将来必要とされる創造力につながる**のです。

セロテープやホッチキスなどの使い方を教えるために、最初は親が一緒に作ってあげましょう。そのうち、子どもが自分で作りはじめるようになりますよ。

本への投資は惜しまない

読む習慣＝生き抜く力になる

幼児期の頃から、本を読む習慣をつけてあげましょう。

生きるうえで必要な知識や、ほかの人の考えは、「読むこと」で得られます。

読む習慣がついていないと、必要な知識やほかの人の考えが入ってきません。

最近は情報化社会といわれ、次から次へと新しい情報を処理していかなければ、仕事をこなすことができません。でも、読む習慣がついていると、目まぐるしく変わる状況にも対応できるようになります。

本はできるだけ毎日読み聞かせしてあげたいところですが、とくにどのようなものを読んであげるといいのでしょうか。

子どもが気に入っている本＋図鑑と絵本はかならず常備しよう

おすすめなのは、子どもが気に入っている本（たいがい1～2冊は好きな本がありますす）、図鑑系の本、物語系の絵本を読んであげることです。

子どもが気に入っている本を除いて、1週間で新しい本に入れ替えるように図書館に行くようにするといいでしょう。飽きて見向きもしなくなった本だけが手元にあるようなことになると、本を読まなくなってしまいます。本を入れ替えて、常に新鮮で興味のわくような状況にしてあげてくださいね。

図書館では、新しい本を常に5～10冊借りてくるといいでしょう。

クラシック、童謡、英語、物語、自然の音のCDをかける

耳から入る情報は、無意識に子どもの記憶に残る

家にいるときや、車のなかでは、ぜひCDを聞かせてあげてください。

ほかのことをしていても、人は耳から入る音を聞いているもの。**子どもに聞かせてあげたい内容のものを、1日に2時間くらいは流してあげるといい**ですね。

おすすめのジャンルは、次のようなものです。

クラシックや自然の音のCDは、情操教育に役立ちます。英語の歌やお話、単語のCDは、語学学習につながります。絵本のナレーションや童謡のCDは、言語の発達をうながしてくれます。

あるご家庭の話です。CDを毎日かけていたものの、いつも子どもが夢中になって遊んでいるので、

「うちの子はCDを聞いていないんだな」

と思っていたところ、ある日、いつもかけていた英語のCDの内容を子どもが突然しゃべりはじめて驚いた！　ということがあったそうです。

また、大学生になったある子は

「小さい頃聞いたCDは、いまでもメロディも内容も覚えているんだ」

と言っていました。

覚えておいてもらいたいものは、耳から入れるといいようです。

耳から入る
情報は
大切なんだね

自発性は、「遊び→熱中→自分から」の3段階で磨かれる

自発性はまず遊びから

幼児期は、「興味をもって遊ぶ→夢中になる→自分からすすんでやる」という3段階を経て、自分で工夫して遊べるようになっていきます。

たとえば積み木を見て、「おもしろそうなものがある」と興味をもち、積んだり壊したりする楽しさからはじまり、四角の上に三角をのせると家に見えるという発見をし、今度はそれを集めて町を作ってみたり…と、夢中になって工夫します。この遊びがおもしろくなると、紙を丸めて筒状にしたものを四角の積み木の下に4本くっつけて、足にして、動物を作ってみたり…と、さらに遊びが発展していきます。

勉強も、「興味→熱中→自分から」で身につく

これは「自発的に勉強する」ということにもつながっています。「興味をもつ→夢中になる→自分からすすんでやる」というプロセスをたどらなければ、自分から勉強する力はつきません。

ただ成績を上げようと、ドリルをがむしゃらにやらせても、興味や好奇心がわかないので、「夢中になって工夫する」という段階へ進むことがありません。**問題をたくさん解かせるだけの勉強では、やがて子どもは勉強嫌いになってしまいます。**

小学校の中高学年になると、親の言うことをきかなくなり、勉強に見向きもしなくなってしまうのです。

ぜひ、勉強に取り組むときにも、「興味をもつ→夢中になる→自分からすすんでやる」というプロセスを大切にしたいですね。

PART 3

「体感」で才能が育つ 6～8歳の習慣

一生の習慣は、12歳までにつくられる

12歳以降にぐっと才能を伸ばすのは難しい

勉強する習慣、考える習慣、何かに取り組む習慣など…一生の習慣は、12歳までにつくられます。この期間にいろいろなことを習慣化するクセをつけておくと、子どもがぐっと伸びるようになります。

逆に、12歳までに習慣化ができていないと、急激に才能を伸ばすことが難しくなります。たとえば、コツコツと何かに取り組む習慣が12歳までに身についていない場合、中学生以降や大人になったとき、根気のいる仕事をすぐ投げ出してしまったり、あともう少しがんばれば解決できるという局面でも粘りがきかなくなってしまったり…ということが起こりがちです。

習慣化できていると、自然と勉強できる子になる

反対に、コツコツ習慣が身についていると、ことさら意識しなくても、自然とコツコツ取り組めるので結果が出やすくなったり、受験勉強も、計画を立てて取り組めるようになります。

読み書きをする習慣や、何かに集中する習慣なども大切ですね。

これらも、中学生になってから急に伸ばすのは難しいので、12歳までの間に身につけておくと、この先がラクです。

では、この習慣はどのようにつくっていけばいいのでしょうか。

これは、年齢によって異なります。**大きく分けると、6～8歳、9～10歳、11～12歳という3段階に分かれます。**私はこれをホップ・ステップ・ジャンプ期としてお伝えしています。

本章では、習慣化づくりの基礎になる6～8歳までの子どもたちにさせたほうがいいことを中心に解説していきます。

6〜8歳でもっとも大切なのは身体を使って学ぶこと

身体を使う↓体感が学習になる↓考える力につながる

6〜8歳までの習慣づくりでもっとも大切なのは、「身体を使って学ぶ」ことです。**この時期の子どもは、自分が触れられるもの、身近にあるものに興味を抱き、興味があるものは学ぼうとする、興味がないものは学ぼうとしない**——こんなわかりやすい線引きをします。

自分の身体を使って体感したことが学びになり、自分で考えていく力につながっていきます。子どもは、体験を通して新たな発見をしたり、好奇心をふくらませていきます。

たとえば、たし算を覚えるとき。ただドリルを解くだけより、積み木を使って数を足すというクセをつけたほうが、覚えやすくなります。

植物について学ぶとき。図鑑で植物を覚えるよりも、実際に草花に触れたほうが、興味もわきますし

「あのとき見たかすみ草だ！」

と記憶もしやすくなります。

こんなふうに、身体を使うクセをつけることで、学ぶことを習慣化することができるのです。

積み木の具体例

表面積を求めなさい
わからない…
うしろから見たら５つの面が見える！わかった！

机の前で考えてもわからないものも、物を使って手を動かしたほうが理解できる！

聞かれたことにすぐに答えを与えない

「どうしてだと思う?」の投げかけが、考える力を育む

子どもに質問されたとき、知っていることであればすぐに答えたくなってしまいますよね。でも、少し待ってください。

「どうして、これはこうなっているの?」

という質問なら、逆に

「どうしてだと思う?」

と聞き返すようにしてあげてください。

聞き返されると、子どもは考えます。こうして考える力は育っていくのです。

IQの高い子どもたちは、考えることが大好きです。

また、**子ども自身が知りたいと思っていることのほうが、興味がわく分、調べ**

たことも身につきやすくなります。親はつい、問題集を解かせたほうが考える力が育つと思って、次から次へと問題集を与えたくなります。でも、考える力のない子どもがいくら問題集をやっても、残念ながら考える力は身につきません…。

答えは間違っていてOK。どんどん考えさせよう

考える力というのは、まず「なぜだろう？」「どうして、こうなるの？」という疑問を持ち、それを知りたいと思うところから育まれます。

考える力を育てたければ、子どもの「なぜ、なに、どうして」には、できるだけ一緒に考え、どんどん質問してあげましょう。

質問の解答が間違っていたとしても、まずは「そっか」と受けとめます。ここで、「間違っているよ」と言うと、知っていることしか答えない子どもになります。違っていてもOKです。

「ほかに何かあるかな？」と投げかけてあげたり、一緒に調べてみたりして、**考えること＝いいことだと思わせてあげたい**ですね。

いい質問を投げかけたままにしておくと、子どもの脳に残る

「どうしてなんだろう。少し考えてみようね」の問いが子どもを伸ばす

考える力を育むには、質問のほかにもうひとつ方法があります。子どもがわからなかったとき、

「うーん。わからないね。どうしてなんだろう。少し考えてみようね。おかあさんも考えてみるから」

とだけ言って、たまには、放っておくのです。

質問されたまま放っておくと、ある日その答えを知ったときに、子ども自身がはっと気づいたりすることがあります。

ガリレオ・ガリレイが万有引力の考えに気づいたのも、ずっと「どうしてだろう?」と考えていたからです。りんごが木から落ちるのを見て、はっと気づいた

といいます。りんごが木から落ちるというのは、一見何のつながりもないことのように思えます。しかし、「どうしてだろう？」という質問が頭にあると、発見につながるきっかけになったりするのです。

子どもの「発見」を一緒に喜んであげよう

子どもは発見の達人です。

「これって、こういうことなんだよ」

とたいしたことでなくても、自分が発見したことを親に言いにくることがあります。このとき、

「そうなんだー！　すごいね！」

「そんなことがわかったんだね！」

と、**子どもの発見を一緒に喜んで、興味深く（たとえ知っていたことでも）聞いてあげるようにすると、発見することを楽しめる子になります。**

ぜひ問いを投げかけてあげてください。

机の上の勉強より、身近なものへの好奇心が子どもを伸ばす

「何をしているんだろう」「こうなっているんだ！」が子どもを刺激する

子どもが6～8歳の時期は、興味、好奇心を抱かせるような声かけがとても重要です。それには、まず**大人が子ども目線になって、何にでもおもしろさを見つけ出す姿勢を見せてあげましょう。**

たとえば、子どもが、蝶が花にとまっているのをじーっと観察していたら、隣に座って

「何をしているんだろうね」

「いま蜜を吸ってるんだよ。どうやって吸うんだろう」

という声かけをしてあげます。

子どもが興味をもっていることに大人がつき合ってあげると、さらに好奇心がかき立てられていきます。

一方、

「何をしてるの!? 早く来なさい。置いていくよ」

などと言われたりすると、興味や好奇心が育たなくなってしまいます。

まずは声かけからはじめよう

「勉強への興味や好奇心を育てよう」

と言われると、つい机の上での勉強と思いがちですが、**6～8歳の時期で大切なのは、生活している空間で、身近なものへの興味や好奇心を育てること。**この体験が、将来の勉強や、自分からやりたいことを見つけるという「生き抜く力」につながっていくのです。

難しく考えず、まずは声かけからはじめてみましょう。

絵を描くことや塗り絵、工作が机に向かう習慣につながる

ホップ期（6~8歳）は楽しく机に向かわせよう

書く習慣をつけるには、絵を描いたり、塗り絵をするのがおすすめです。

書くこと＝作文を書いたりドリルを解くことだと思われがちですが、それだけでは、どうしても苦痛になってしまいます。

この時期は、机に向かってコツコツと書く習慣がつけばいいので、かならずしも勉強に直接結びついていることばかりでなくていいのです。

自由に絵を描くことは、子どもの好奇心や想像力をかき立てられますし、塗り絵も、目の前のイラストに集中して取り組む力が養われます。

模型を組み立てたり、工作をしたり…というのも身体を使う分、机に向かいや

すくなるのでとてもいいですね。

こんなふうに、自然と熱中できることをどんどん取り入れていくことで、宿題や勉強をするときにも、自分から机に向かいやすくなっていきます。

私の運営するスクールに、恐竜の絵なら何時間も描き続けられるという小学校1年生の男の子がいました。

恐竜が大好きなので、恐竜図鑑をすべて覚え、描きながら

「この恐竜はね～、からだの大きさが世界一なんだよお～。そして、しっぽの形はこんななの」

と説明してくれたりします。恐竜の絵を描いているとき以外は走りまわっていましたが、次第にその好奇心を勉強に向けはじめ、2年生になってからは何時間も学習できるようになりました。

一見勉強には関係のないことでも、好きなことをやらせて机に向かう習慣をつけてあげると、学習も長時間できるようになるのです。

親が興味をもって話を聞いていると、子どもの自信が育つ

子どもの話に目をキラキラさせて聞いてあげよう

大人が子どもの話を聞くとき、子どもと同じ気持ちでワクワクしながら聞いてあげると、子どもは認められた気持ちになって、もっともっと、知ったことを親に教えたくなっていきます。

大きなことでなくてかまいません。親から見たら当たり前のことでも、子どもが発見しその報告をしにきたら

「どうして、そうなったの？」

「どこで見つけたの？」

と言ってあげると、子どもは自信をもつようになります。

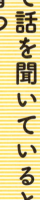

子ども自身が興味をもって探求したことに、ほかの人が興味をもってくれるという体験を繰り返していると、大人になってからも、いろいろなことを探求できるようになります。これがものすごく得意になると、研究者や講師などになっていくのです。

子ども時代に認めてもらえると、社会で活躍できる子になる

自分に自信がわいてくると、ほかの人にもどんどん教えたくなります。教え上手な人はリーダーシップをとることができたり、いろいろな人とコミュニケーションがとれるので、思春期や大人になってからも、活躍できます。

最近、自己肯定感が低い若者が多いことが社会問題になっていますが、子ども時代に自分が考えたことを認めてもらえていないと、自己肯定感が育ちません。

子どもの言っていることに興味をもって一緒に喜んであげるだけで、自然と自己肯定感が育っていくきっかけになります。

子どもが感じたことを親が言葉にしてあげる

代弁することで、子どものなかに眠っている力が目覚める

子どもは、自分で感じていることをうまく言葉にできません。それを大人が言葉にしてあげることで、

「自分が感じていることって、そういうことなのか」

とわかり、観察したり考えたりすることができるようになります。

たとえば、子どもが虫をつかまえて、ひっくり返して虫のおなかをじーっと見ていたりすることがあります。このときに

「虫の足ってこんなふうについているのね。動きもおもしろいね」

などと、いま子どもが感じているであろうことを、言葉に出してあげるのです。

そうすると、ただ「おもしろい」と感じていたことが、足のつき方や動きの観察へと変わっていきます。

子どもには「観察し、考える」という力がもともと備わっているのですが、最初は漠然としています。放っておくと、その力は育ちません。

自ら考える子になるためには、まず子どもが身のまわりのことで「おもしろい」と感じているだろうことを、できるだけ言葉にしてあげることです。

空を見上げて飛行機雲を眺めていたら

「飛行機雲って、何でできているんだろうね」

「ずっと、つながっているのは、どうしてなんだろう」

夕日が落ちていくのを眺めていたら

「夕焼けってキレイだね。空がこんな色になるのはどうしてなんだろうね」

「太陽はこのあと、どこへ行くのかな」

代弁してあげることで、眠っている子どもの力が目覚めていきます。

こんな言い方をすると、子どもの意欲がわいてくる

ただ「やりなさい！」と言うのは勉強嫌いのもとに…

この時期にしてはいけないことは、何かをさせるときに、怒って強引にやらせようとすることです。怒られてしまうと、子ども自身の学ぼうという意欲自体もそがれてしまいます。たとえば学校から宿題が出されたとき

「早くやりなさい！」

「まだできないの!?」

と声をかけるだけでは、宿題＝怒られることと思ってしまい、勉強嫌いになってしまうことも…。**リビング学習にして、親と一緒の空間で安心して取り組むようにするほうがいい**ですね。「勉強＝苦痛」ではなく、「勉強＝ひとりじゃない」と思わせることができたら、習慣化しやすくなっていきます。

子どもに意欲をもたせる声かけ、意欲を失わせる声かけ

子どもの意欲を失わせる声かけ

- 「いつまでかかってるの!?　ダラダラしないで！」
- 「早くはじめないと、間に合わないでしょ!?」
- 「おともだちの○○ちゃんは、時間を決めたらちゃんとやるみたいよ」

やりたくなさそうなとき

- 「おかあさんは、ここで料理の下ごしらえをするから、となりで宿題やってね」
（となりで取り組むのが◎）
- 「どんな宿題が出たの？　見せて？」（確認すると、安心する）

手がとまっている問題に直面したとき

- 「○○○ってなんだろ…こういうことかな？」
（一緒に考えてあげると取り組みやすい）

覚えなければいけない問題があったとき

- 「どうやったらこれを覚えられるんだろ？　おかあさんだったらね…」
（ヒントをもらえると工夫しようとする）

ダラダラしてしまっているとき

- 「おかあさんと競争しよう！ いまやってることがおわったらおやつね」
（ゲーム感覚でできる）

6～8歳は、まだまだ純粋な時期。
親の声かけひとつで子どものやる気が変わります。
ぜひいい声かけをしてあげましょう。

興味のあるものに熱中することで、集中力がアップする

おもしろがってつき合ってあげよう

何をすれば集中力を培うことができるのでしょうか。子どもが夢中になってやっていることには、一緒になってつき合ってあげましょう。

以前マンホールのふたの研究ブックを作ってきた小学3年生がいました。

おかあさんと歩いていたら、マンホールのふたの模様に興味を惹かれたので

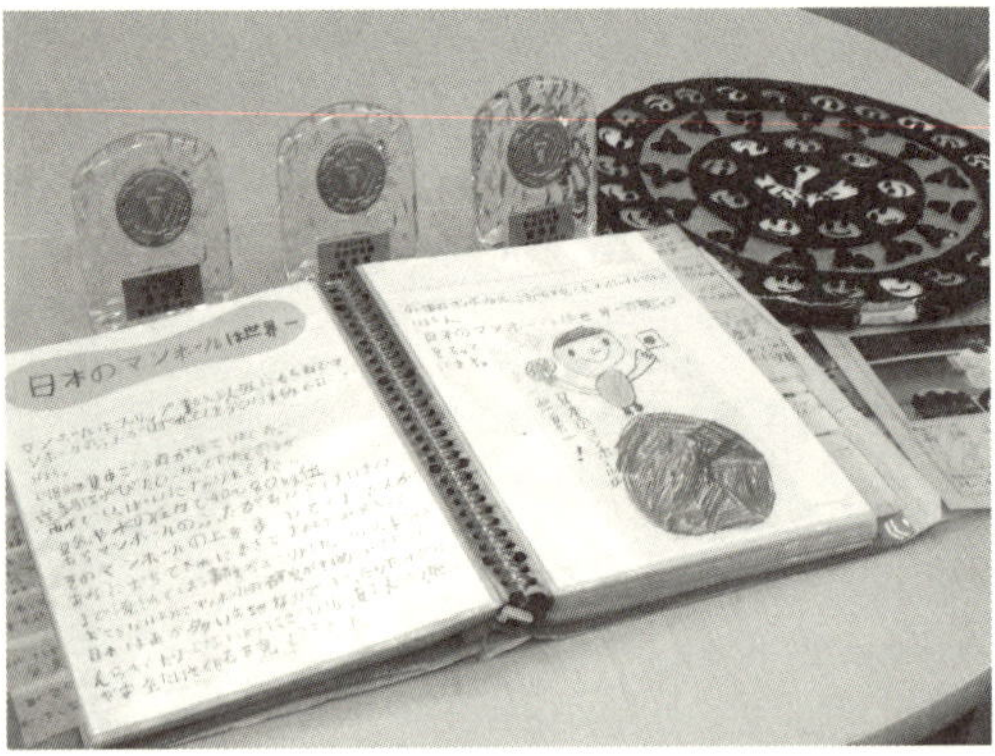

「マンホールのふたの模様っていろいろあるんだよ」

とおかあさんが教えてあげたそうです。

すると、その子はマンホールを見つけるたびに近寄って模様を観察。自治体によって模様が違うことがわかってからは、ますます興味がわいて、写真で撮るようになったそうです。模様の由来などを知るために、母親と一緒に調べたり、ときには市役所まで聞きにいったりして、1冊の研究ブックにしたそうです。

マンホールのことを知っても、成績が上がるわけではありません。

でも、この子は興味のあることを広げていき、研究ブックにするおもしろさと、長い時間集中する力を身につけることができたのです。この集中力は、勉強面でも発揮されるようになっていきました。

まとめる力、長時間集中する力は、受験を迎えるときや社会人になったときにも生きてくる力です。ぜひ、伸ばしてあげたいですね。

COLUMN

興味、好奇心の芽を育てよう

エジソンの生い立ちから学ぶ好奇心の育て方

誰もが知っているエジソン。小学校を退学させられたのは有名な話です。「1＋1＝2」を教師が粘土を例にとって教えていたら、エジソンが「1個の粘土と1個の粘土を合わせても（混ざって）1個の粘土になるだけなのになぜ2個になるのか」

と聞いて、教師がエジソンを罵倒したというエピソードがあります。

ほかにもなぜ物は燃えるのかを知りたくて、藁《わら》を燃やしていたら納屋が延焼してしまったというエピソードもあります。そして、エジソンは学校からも父サミュエルからも見放され、入学から3カ月で放校処分を受けてしまいました。

母ナンシーは、そんなエジソンの教師役を務めることを決めました。ナンシーの授業は、エジソンが理解するまで徹底的に教えられる個人授業でした。

エジソンは、自分が抱いていた疑問や好奇心が科学の根本であると気づき、科学への興味が次第にわいてくるように。ナンシーも、家の地下室をエジソン専用の実験室として与え、薬品類を買い与えました。

彼は、のちに

「母が私の最大の理解者であった。母がいなければ私は発明家になっていなかっただろう」

と語っています。

学校の先生から「できない子」の烙印を押されても、**わが子の未来を信じて寄り添ってあげる**こと。そして、**わかるまで一緒に教えてあげる**ことで、好奇心の芽と、考える習慣が身につきました。ナンシーのエジソンへの関わり方は、子どもを伸ばしたいと願う私たち母親に、大きなヒントを与えてくれます。

PART

4

「試行錯誤」でぐ〜んと伸びる 9〜10歳の習慣

9～10歳は「考える→理解する→覚える」の流れを繰り返す

人に聞いたりプリント学習するだけでは伸び悩む

9～10歳の時期には、『まず自分の頭で考える→自分で『そういうことか』と理解する→自然と覚える」この流れで学ぶのがおすすめです。

この流れを当たり前のようにしていると、自然と考える習慣がつき、好奇心をもって学べるようになります。その結果覚えるのが早くなるので、成績アップにもつながっていきます。

逆に学習が定着しにくいパターンは、次のような場合です。

×わからないことは全部人に聞く→わかった気になる→忘れる

×プリント学習ばかり→一時的に成績は上がる→応用力が身につかない→11歳

以降で伸び悩む場合が多い

一例をあげましょう。

光合成には光が必要で、光合成をするとでんぷんと酸素が作られるということを知識として教えてもらい、そのあと、実験をします。

葉の一部をアルミ箔でおおった葉と、そのままの葉を準備して、ヨウ素液につけて青紫になったら、でんぷんができているという実験です。ここで

「どうして、アルミ箔でおおったところは、青紫にならなかったのでしょう？」

と質問されたとき、自分で考えない子どもは、答えることができません。

一方、自分で考える子どもは、

「アルミ箔でおおうと光に当たっていないよね。光合成ができなかったってことじゃないかな」

と自分で答えに行き着くことができます。そして、忘れません。

このように、**自分で考えて理解したものは、覚えることができる**のです。

9～10歳は、偏差値や順位に惑わされないほうがいい時期

偏差値や順位を気にしすぎると、勉強嫌いになることも…

9～10歳になる頃には、大手の塾などで模擬試験がはじまったりもします。つい気になってしまいますが、じつはこの時期に親が偏差値や順位を気にしすぎるのは逆効果。ひどい場合には、つぶれてしまう子もいます。

塾で点数や偏差値をつけたからといって、伸びるわけではありません。

9～10歳の時期から、偏差値や順位を気にしすぎると、あまり結果が出なかったときにコンプレックスが生まれ、テストを受けること自体がイヤになってしまうことも…。これは、成績を気にする親御さんのご家庭でよく見受けられます。

この時期に結果が出ないことはたくさんあるので、模擬試験を頻繁に受けるのはあまりおすすめしません。テスト自体が悪いわけではなく、親御さんが結果を気にして叱ってしまうことが多いからです。

目標に向かってコツコツがんばったほうが伸びていく

この時期は、他人との競争よりも自分に克つことを教えるほうがいい時期です。自分に克つ心＝「乗り越える力」。この力を養えば、目標を定め、それに向かってコツコツと努力していくことができるようになります。

ほかの人と比べることより、

「やりたいから最後までがんばる」

「もっとできるようになりたいからがんばる」

という力を先に育てましょう。

そのあとで、自然とライバルを見つけて、健全な競争心が芽生えてくると、足の引っ張り合いではなく、お互いを高め合う関係が築けるようになります。

学校のテストの点数が悪い場合でも、競争心を育もうとして
「なんでこんな点数なの⁉」

「○○ちゃんはいい点とってるみたいよ」

と言うのはやめましょう。

子どもの自信を失わせるような言葉をかけるのは禁物です。


「どこがわからなかったのかな」

「一緒にテストの復習をしてみようか」

とわからなかったところの見直しをしたあと
「今日の問題、次こそはできるからがんばってね」

と励まし続けてあげましょう。


親から応援してもらっていると、「がんばろう！」という気持ちが芽生えてきます。それが自分に克つ心のもとになるのです。

繰り返し学習だけでは伸びない

繰り返し学習3割、好奇心を伸ばす学習7割がおすすめ

できなかった問題を何度も何度もやり直す「繰り返し学習」は、学びを定着させるためには必要です。

ただ、9～10歳の時期に、繰り返し学習ばかりさせてしまうと、どんどん飽きてきてしまい、「勉強＝めんどくさい」「勉強＝つまらない」という気持ちを、子どもの心に芽生えさせてしまいます。

繰り返し学習で学力をつけていくのは、11～12歳まで待ちましょう。

この時期まで待てば、繰り返し学習がそれほど苦ではなくなっていきますし、基礎固めもおわったあとですから、繰り返すことで、結果も出やすくなります。

9〜10歳の時期は、好奇心を伸ばしてあげるほうがずっと大切です。

繰り返し学習3割、好奇心を伸ばす学習7割程度にしておいたほうが、のびのびと学ぶことができます。

私のスクールの生徒に、授業で戦国時代を学んだとき、

「戦国時代は下克上があったから、大名が替わったんじゃないか」

と興味をもった4年生の子がいました。その子は、日本地図を何枚も書き、そこに領地と大名の名前を年代別に書いた日本地図をつくりました。

2週間以上その作業に没頭していたそうです。テストに出ることのない範囲ですから、一見ムダな作業に思えますが、

「この出来事のあとで、うちの子は歴史が大好きになったんです」

とおかあさんがうれしそうに話してくれました。

好きな体験が勉強につながっていく

子どもは自分が興味を感じたものに没頭して作業するプロセスのなかで、さま

ざまな学びを得ています。その時間は決してムダではありません。**この時期は、いろいろな体験をしながら学んで、「勉強って楽しい！」と思わせることができればいい**のです。

以前、私のスクールに工作がものすごく得意な子がいました。彼は工作に打ち込むときにはとてもイキイキとしていたのですが、親御さんが成績にこだわって「工作なんてやっている場合じゃないでしょ…」

とがめ、問題ばかり解かせるようにしました。すると、その子は反発して、自宅でも勉強しなくなってしまったのです。

反対に、将棋が好きで1日中将棋の本を見ているという男の子がいました。その子のおかあさんは

「勉強はしないで、将棋ばっかりなんです」

と嘆いていたのですが、将棋の盤のパターンを覚えた結果、その子の記憶力が格段にアップ。

中学受験時には、この記憶力が大活躍して、見事難関校に合格しました。

形をつくっていく「プロセス」を楽しませる

試行錯誤することが、才能を伸ばすことにつながる

小学1~2年生のときには、何か興味のあることに取り組んでいても、途中で飽きてしまうことが多くあります。でも、**3~4年生くらいになると、最後まで取り組んで形にする喜びを感じられるようになります。**

たとえば、地球は太陽のまわりをまわっているということを知ったとき、ただ「へぇ~そうなの?」と言っておわりにするよりも、一緒に太陽系の模型をつくることで、さらに喜ぶようになります。

このときに大切なのは、失敗したりしながら試行錯誤してつくること。

どうしたらつくりたいものを完成させられるのか工夫を重ねることで、自分のほしいものにたどりつく根気強さや、粘り強く考える力が培われます。
そのうちに、試行錯誤することが、楽しくなっていきます。

「こうしたら?」「ほかにやることがあるでしょ」は禁句

よく
「うちの子は根気強くないんです…」
と嘆くおかあさんがいますが、この**9〜10歳の時期にモノをつくることが楽しいと思える体験をしていないと、根気強さや粘り強さはなかなか育ちません。**

やってはいけないのは、子どもが取り組んでいるとなりで
「これはああしたら?」
「こうしたら?」
と聞かれていないのにアドバイスをすることや
「もっとほかにやることがあるでしょ」

と中断させてしまうこと。

これらをしてしまうと、プロセスを考える力や粘り強さも奪われてしまいます。

「すごいね！」「完成が楽しみ！」は子どものやる気が続く言葉

子どもが何かに取り組んでいたら、できるだけそっとしておき、

「手伝って」

「ここがわからないんだ」

と言ってきたときだけ、手を貸すようにしましょう。

「いまぼくはこういうものをつくろうとしているんだ！」

と言われたら
「すごいね！　それ見てみたいな！」

がんばってつくっている途中なら
「わぁ～！　ここまでできたんだね」

「完成が楽しみだね！」

と言ってあげると、子どものやる気が続くようになります。

完成させられないことがあってもよしとしよう

もし最後まで完成させられなかったときでも「あれはどうしたの？」「なんで最後までやらないの？」という問いかけは避けましょう。こんな言葉をかけられ続けると、子どもは最初からやらなくなってしまいます。

私たち大人も、ダイエットを途中で挫折したり、何かをはじめようとして三日坊主になることがありますね。そのことを「またできなかったの？」と言われたら、むっとしてしまうのではないでしょうか。

それと同じで、子どもも、取り組んだことのすべてを完成させることはできません。ですから、途中でやめてしまうときでも、気にしないようにしましょう。

論理脳を少しずつ育てる

論理脳とは「なぜ？」を考え説明できる力のこと

9～10歳は、〝論理脳〟を少しずつ育てていく時期です。

「なぜこうなんだろう。それはこうだから…」

と考えて説明できる力のことを、〝論理脳〟と私は呼んでいます。この論理的に考えて説明する力は、9歳のころから徐々に芽生えはじめます。

このタイミングで論理脳を育てていくと、これ以後、論理的に物事を考える力がしっかり定着していくようになります。

9～10歳で論理脳を育てるために有効な方法は、

「なぜ○○はこうなるんだろう？」

「どうしてこうなったの？」

と私たち親が問いかける習慣をもつことです。

問いかけられると、子どもはその答えを自分の頭で考えるようになります。

「それって、どうして?」と子どもに質問しよう

子どもに

「これってどういうこと?」

と質問されたときでも、簡単に答えを教えてはいけません。逆に

「本当だね。それってどうしてなのかなぁ? おかあさんに教えて」と質問して返すようにしましょう。

子どもはそのあとに、自分の頭だけで考えることもありますし、調べ物をする場合もあります。調べると、どうしてそうなったのかがわかります。この時期に調べ物をする場合は、まだ親が一緒にやってあげたほうがいいでしょう。ここで子どもにつき合っていると、子どもが自ら調べることが習慣化していきます。

子どもが理解できたと思ったら、言葉にさせるようにしましょう。

言葉にさせるときのポイントはまず
「なにがわかったか」

を言わせます。次に
「どうしてそうなったか」

という理由を言わせ、理由がいくつかある場合は、

「ひとつめはなに？」

「ふたつめはなに？」

と聞いてあげましょう。

こんなふうに会話をしていると、論理脳が自然に育っていきます。
逆に、論理脳が育っていないと、これからの中学・大学入試で頻出する記述問題に答えられません。また大人になって、チームで働くときに、意思疎通がとれなくなってしまいます。
論理脳を育てる会話のやりとりの例を紹介しましょう。

子どもとおかあさんの会話例

ある植物を見て、双子葉類か単子葉類か答える問題

母「ここの答えは、どうして単子葉類ってわかったの？ 理由のひとつめは？」

理由を尋ねる

子「だって、ひげ根だから」

母「そうだね。ほかにもある？ あれば、2つめは？」

ほかの理由も尋ねる

子「葉っぱの葉脈がまっすぐでしょう？ だから単子葉類なんだよ」

母「ということは、ひとつめは根っこの形がひげ根だからなのね」

要点を繰り返す

母「2つめは、葉っぱの葉脈の形がまっすぐだからということね」

要点を繰り返す

理由を聞いて、いくつも答えさせると、論理脳が育ちやすくなります。

「考えて↓伝える」を習慣にできると、10歳以降にぐっと伸びていきます。

暗記するより自分で考えさせる

たくさん考えたことは、どんどん覚えられる

9～10歳のこの時期は、脳が発展途上中の段階です。

論理脳を育てる大切さを話しましたが、**日頃から「これはどうなっているの？　なぜこうなの？」を考えさせるクセをつける**ようにしましょう。

だんだん答えを勝手に覚えていくようになります。

たとえば、虫の身体のつくりを覚えなければいけないとします。

虫によって、口の形がそれぞれ違います。

「蚊の口はどうしてこんな形なの？」

「血を吸うから口がストローのようになっているのかな!?」

「バッタの口はどうしてこんな形なの？」

「いろいろな葉っぱを噛み切れるように、大きめの口なのかなぁ？」

など、自分で物事の成り立ちや理由を考えさせましょう。


「奈良の大仏はどうしてあんなに大きいの？」

こう聞くと、いろいろな理由を考えはじめます。

「大きいほうがかっこいいから」

「お金持ちだから大きいものをつくれた」

「大きいほうが天皇が強いことを示せるから」

間違っていてもいいからたくさん答えを考える子が伸びる

この考えるプロセスがとても重要です。**たくさん考えることで、正しい答えを導き出す方法が身についていく**のです。

ここでは、答えが間違っていてもかまいません。すぐに答えを見て暗記しようとするより、まず自分の頭で理由を考えてから答えを知る。そのほうが、記憶に残りやすくなっていきます。

ちなみに先ほどの
「奈良の大仏はどうしてあんなに大きいの？」

の答えは、

「奈良時代に病気が広まったことを、天皇がなんとかしたいと思い、ご利益の象徴である大仏を大きくつくることで、ご利益も大きくなるよう願いをこめた」

といわれています。これも、

「奈良の大仏はご利益があるから大きいものをつくろうとした」

とただ覚えるより、自分の頭で
「あんな理由かな？　こんな理由かな？」

と考えたあとのほうがしっかり記憶に残りやすくなります。


この考えるクセをつけることで、脳がどんどん発達していきます。

プラモデルや料理で論理思考を育む

子どもの屁理屈も成長の証

これまでにも解説してきましたが、小学3～4年生くらいになると、「～だから○○となる」という思考が、ようやくできるようになってきます。

それまでは、たとえば

「今日学校で何があったの？」

と聞いても

「んー。おもしろかった」

というひと言しか返ってこなかったり、突然昨日の話が出てきたり…と、1日の流れを話せない子も多いのです。しかし、この時期になると、急に1日の流れに沿って説明ができたり、自分のやりたいことを理由まで話せたり…と、突然変

化します。

これは論理思考ができる時期になったからです。よく小学校3〜4年生の子どもがいるおかあさんは

「うちの子、屁理屈ばっかり言うようになりました」

と言いますが、これも論理思考ができるようになった証拠です。

子どもなりの「理屈」を言っているのですが、大人にとっては「屁理屈」に感じられるだけなのです。

プラモデルや料理をさせてみよう

この時期は「論理的」に考えることを楽しいと感じます。

ですから、**手順自体を考えたり、手順を踏んで完成させるものをつくらせることで、「論理思考」を育てるのもいい**ですね。

プラモデルをつくったり、親と一緒に料理をつくるのはおすすめです。

プラモデルは、順番どおりに取り組まないと、うまくつくれなかったりします。

失敗したら、なぜ失敗したのか考えることも、筋道を考えることにつながります。
料理も、できるだけ効率よくカレーライスをつくろうとするなら、たまねぎを炒めているときに、人参やじゃがいも、肉などを一口大に切っておいて、たまねぎがきつね色になった頃合いをみはからって一緒に炒めますが、タイミングがずれると時間がかかったりしますね。

このような体験を通して、手順や順番の大切さを知ることができるので、頭のなかだけで考えさせるものばかりでなく、体感できるようなことをたくさんするといいでしょう。

手順を踏む
完成させる
=
論理思考が育つ！

「じゃあやってみたら？」の言葉が子どもを伸ばす

興味のあるものは、とにかく背中を押してあげよう

興味のあるものなら、子どもは放っておいても自分から工夫しはじめていくもの。ですから、子どもが自分で工夫しはじめるのを待つという姿勢がまず大切なのですが、少しだけ背中を押す声かけもしてあげましょう。

私のスクールに鉄道が大好きな男の子がいました。あるとき、地下鉄はそれぞれの路線で線路の高さが違うことを知り、地下鉄の全路線の高さを比べたくなったそうです。それを聞いた親御さんが、

「じゃあ、実際に作ってみたら」

と言ったひと言がきっかけで、首都圏の地下鉄の立体路線の模型を作ることに。

首都圏の地下鉄の立体模型

いざ取りかかってみると、失敗続きだったそうですが、試行錯誤しながらさまざまな工夫を取り入れて、ついに完成させました。彼は一度通った道を忘れないほか、航空写真のように地図を頭のなかに入れているそうです。

夢中になって、試行錯誤をしながらも最後までやり遂げる力は、今後の勉強でも、社会に出てからも、きっと役立つことでしょう。子どもが何かに興味をもったら、こんな声かけをしてみましょう。まず

「やってみたら?」

進まなくなっているようなら

「どうしたいの? 一緒に少し考えてみる?」

完成したら

「すごく工夫したところはどこ?」

「へえ〜! おもしろいね! すごいね!」

子どもが何かを工夫しはじめたら、親も一緒になって後押ししてあげましょう。そのほうが、グングン伸びていきますよ。

頭のなかでイメージする習慣をつけると、学力がグングン伸びる

実際のものに触れて体験させるとイメージ力がアップする

イメージ力とは、頭のなかで考えることができる力のことです。9～10歳の時期には、この力をどんどん育ませてあげたいところです。

たとえば、

「立方体を頭のなかでイメージしてください」

と言われれば、なんとかできるかもしれません。次に
「斜め上から反対の斜め下へ立方体を切断してみましょう」

と言われると、どうでしょうか。イメージできない人が出てくるはずです。

でも、料理をつくるときの手順など、普段やっていることなら、イメージしや

すいですね。反対に、やっていないことはイメージしにくいのです。

このイメージする力は、勉強のときにとても重要になります。

じつは**得意教科＝頭のなかでイメージできる教科ということ。**

たとえば、国語の文章を読んだとき、その情景が浮かばなければ、文章がよく理解できていないということです。

図形の問題なら、展開図や立体図をイメージできなければ、問題が解けません。

イメージ力を高めるには、体験したり触れてみたりする

はじめから頭のなかでイメージできる子はいません。

「サイコロをイメージして」

と、低学年の子どもに言っても、「?」という顔をするでしょう。

これを解消するにはどうすればいいでしょうか。

それは、実際にサイコロに触れることです。

実際に触れる機会が多ければ多いほど、次第に頭のなかでもイメージできるようになります。サイコロをはじめ、図形や模型、積み木や天体図など、形のある

ものに、実際にどんどん触れるようになります。

小学校低学年や中学年のときに、この体験が足りていないと、本格的に頭のなかでイメージして考える必要のある高学年期になっても、力がつきません。

この時期には、こんな声かけをするのがおすすめです。

「頭のなかにサイコロを想像してみてね。それを上から見てごらん。下からも見ることができるかな」

「その星のとなりには何があるのかな？　その星は、どんな星座を形づくっているのかな？」

いままで触れたことのあるものを、頭のなかのイメージとして置き換えられるような質問を投げかけましょう。

これで
学力が伸びる
のかぁ…

長く机に向かうこと＝集中力ではない

5～10分でも取り組めていたら、集中できている証拠

よく

「うちの子は集中力がないんです」

という相談を受けます。子どもを観察していると、ひとつのことに5～10分くらい取り組むと、すぐほかのことをやりはじめることを繰り返しているケースが多くみられます。

親からすれば心配になるかもしれませんが、じつはその5～10分は、しっかりと集中できているのです。

集中力というと、2～3時間同じことに取り組み続けることだととらえがちで

すが、これは集中力ではなく、持続力です。

15分でも夢中になれたら、集中力はあるということ。**集中しているかどうかの目安は、時間ではなく夢中になっているかどうかではかりましょう。**そのとき、まわりの音などが耳に入らないような状態になっていれば、集中できているということなのです。

持続力はそのうちついてきますので、あまり焦らず、まずは集中できているかどうかをチェックしましょう。

「集中しなさい」という言葉は逆効果

以前子どもが少しでもよそ見をすると、

「集中しなさい」

と言い続けていたおかあさんがいましたが、この声かけは逆効果。

小学校3年生ぐらいまでは、大人が怖いから一見集中しているように見せていた子どもも、4年生以降になると、興味のないことはやらなくなっていきます。

先ほどの

「集中しなさい」

と言われていた子は、イヤイヤやっていたので、親が見ていないところではまったく勉強をしなくなり、ついに、親の言うことさえも聞かなくなってしまいました。

こうなってしまっては、残念ですね。

わが子が集中しているところを観察してみよう

集中するときのクセがある子どもがいます。

ある子は、考えるときに机から顔をあげて、一見するとボーッとした顔つきになります。そして何かに気がつくと、また机に向かって書きはじめるのです。

鉛筆をまわしながら考える子もいます。

お子さんが集中しているときの状況や様子などを観察してみましょう。

どんなときに集中していますか？

それをやめさせると、集中できなくなってしまうこともあるので、さえぎらず、そっとしておいてあげましょう。

COLUMN

子どものときに熱中していたものがライフワークになる

イチロー選手から学ぶ「好き」を仕事にする力

誰もが知っている大リーガーのイチロー選手。熱中していたことをそのまま生涯の仕事にした彼の歩みは、おかあさんなら気になるところではないでしょうか。

イチロー選手がはじめておもちゃのバットとボールを持ったのは、3歳のとき。その日から寝るときも離さなくなったほど、野球好きな子どもでした。

彼は日々練習に明け暮れ、3歳から7歳という幼少期でも、1年のうち半分は野球の練習に費やしていたそうです。小学3年生になって地元のスポーツ少年団に入ったものの、日曜日しか練習がなく、

「平日はおとうさんと野球する」

と言い出して、毎日、帰宅してから暗くなるまで、父親と町営伊勢山グラウンドでの練習に没頭。それだけでなく、町内にあるバッティングセンターにほぼ毎日通いつめていました。そのうち普通の球速では満足できなくなり、イチロー用の専用マシンができたとか…。

小さい頃に何かに夢中になるというのは、よくあることです。子ども自身が見つけた「好きなこと」をトコトンやらせてあげ、親も一緒になってトコトンつき合ってあげたことが、揺るぎない習慣化へとつながったのでしょう。

自分の熱中していることに親がつき合ってくれると、うれしくなって続ける力にもつながります。そして、成長の度合いを見て、その子に合ったレベルのものに触れさせてあげるといいですね。子どもが熱中するものを大事にしてあげる姿勢は、私たちも見習いたいところです。

PART 5

「分類と整理」で成績アップできる11〜12歳の習慣

高学年から大人の脳の使い方になってくる

ステップを踏めばわかるという経験を積ませてあげる

高学年になると、そろそろ思春期に入ってくる頃です。
身体が大人になる準備をしはじめるのですが、身体だけでなく、思考も同じように大人に近づく準備をはじめます。

いままでは、何にでも興味をもっていた子どもたちが、高学年になると、考えなければわからないことや、はじめてのものは苦手に感じはじめます。

この時期になったら、はじめてのことでも、ステップを踏めばわかるんだと思える経験を積ませてあげたいものです。この経験をしていないと、苦手なことやはじめてのことをシャットアウトしてしまう子どもになってしまうからです。

苦手だけどやらなければいけない教科の勉強で効果的な声かけ

ステップを踏めばできるという経験を積んでいる子どもは、チャレンジすることを怖がりません。

この時期になると、すでに好き嫌いがハッキリ分かれてしまっています。

そのとき、こんな声かけをするのがおすすめです。

宿題がいつもおわらないときは

「宿題をするのに、まとめてやったほうがいいか、小刻みに休憩を入れたほうがいい？」

嫌いな教科の勉強をしなくてはならないときは

「いつするなら、抵抗がないかな？　たとえば休みの日がいいとか、朝がいいとか？　何か自分がやりやすい時間や、やり方はないかな？」

自分でも対策を考えはじめますし、取り組みやすくなります。

11～12歳で整理力を身につけさせる

整理力がつけば、勉強も仕事も一生困らない

11～12歳の間で、身につけたほうがいい力のひとつに、整理力があります。

整理力というのは、物事を分類して整理する力のことです。

箇条書きになっているものを、これはA、こっちはB、ここはCと、共通項を見つけて分類してまとめます。文章を図にするのも整理力にあたります。

これができるようになると、**将来仕事で何か問題が起こったときでも、筋道を立てて論理的に解決策を探せるようになります。**問題を整理する、起こっている状況を整理する、人の話を整理する、資料を整理する…。

こんなふうに、整理する力は随所で求められます。

整理力がつくと、成績も一気に上げられる

この力が身についていると、11～12歳の間で一気に成績を上げることができますし、自分で学習する習慣もつきます。中学受験をするしないに関わらず、本当の学力がついていくのです。

逆に、この年齢で整理力が身についていないと、高校受験、大学受験、就職試験でも苦労することに…。じつはとても必要な力なんですね。

問題解決力や応用力の土台にもなりますから、ぜひ11～12歳の時期に育むようにしましょう。具体的な身につけ方については、次項以降で解説します。

整理力をつけるには「整理する→理解する→応用する」を繰り返す

部屋の片づけや書類の分類、料理、工作でも整理力は磨ける

11〜12歳の間で整理力を身につけるとぐっと伸びるという話をしましたが、では実際に整理力をつけるには、どうすればいいのでしょうか。

簡単なことでいえば、部屋を片づけする習慣をもったり、問題集やノート、テスト用紙などにラベルをつけるなどして分類させるクセをつけるのもいいでしょう。手順を考える必要のある料理や工作に触れるのもいいですね。

頭の整理力をつけるためにさらにいいのは、**物事を「整理する→理解する→応用する」の順で、取り組むこと**です。

整理する習慣をもつと、応用のきく子になる

たとえば、シチューをはじめてつくるとします。材料をそろえ、レシピを見て、必要な手順を整理します。そのとき、

「あ、これは、ジャガイモとにんじん、タマネギを使ったほかの料理と下準備が一緒なんだ」

と理解できれば、カレーや肉じゃがに変身させることもできますね。

理解できると、応用がきくようになりますし、記憶にも残りやすくなります。

このサイクルを、日常生活のさまざまな場面で繰り返すのです。


このとき、ただ知識をやみくもに覚えることだけをしていると、レシピどおりにシチューをつくることしかできなくなってしまいます。

社会に出ると、はじめてのことの連続です。応用がきかないと、マニュアルなしでは動けない人になってしまいますね。でも、**整理して、理解して、ほかにも応用できないか考える、という習慣をもっている子は、どんどん伸びていきます。**

「一番言いたいこと↓その理由↓だからこう考える」の流れで説明させる

言葉を整理することで、伝える力も磨かれる

11～12歳に習慣化したいのは、「自分が一番言いたいこと↓その理由↓だからこう考える」という流れで考え、言葉にする力をつけることです。

最初に言いたいことを述べて、その理由をできるだけ具体例も入れたりしながら伝え、最後にまとめます。 こう考えて話すクセをつけておけると、自分がどんな意見をもっているのかがわかり、裏づけにどんな理由があるのか考え、「だから私はこう思っているんだ」と自分で理解できます。

話を聴いている相手にも、わかってもらいやすくなります。

質問してあげれば、論理的に話せるようになる

このように考える訓練は、アメリカでは当たり前のようにやっていることですが、日本の小学校では、ほとんど習うことがありません。

自分の頭で**考える習慣が身についていないなかで、ただ**

「考えなさい」

とだけ言われても、子どもはどう考えたらいいのかわかりません。そうなると、考えなければいけない課題を、だんだん避けるようになってしまうのです。

「言いたいこと→理由→まとめる」の思考を身につけるには、ぜひ大人がお手本を見せてあげましょう。

子どもとの会話のなかでも

「○○について□□ちゃんはどう思っているの?」

と質問してみます。そして、

「どうしてそう思ったの?」

と理由を尋ねてみる。

「じゃあこう思ったってことだね」

とこちらでまとめてあげる。これを繰り返してみてください。

会話や国語の説明文で、論理的な「型」に繰り返し触れさせよう

「言いたいこと↓理由↓まとめる」を定着させるには、この流れに沿って文章を書いてみる練習をするのがおすすめです。そうすることで、論理的に考えられる「思考の型」が自然と身につきます。

ほかには、**国語の教科書などにある「説明文」を読むのもおすすめ**です。説明文は「何についての話題なのか↓くわしい説明と理由↓まとめ」の流れになっているので、「型」に慣れるにはちょうどいいでしょう。

大人になってグローバル社会で活躍するとき、論理的に話ができるとコミュニケーションがスムーズにいくようになります。

逆に、できていないと、人と一緒に仕事をしたりすることが、どんどん難しくなっていってしまいますから、ぜひ子どものうちから慣れておきたいですね。

子どもの言葉の整理力がつく質問

考えを聞く

「○○ちゃんは□□についてどう思っているの？」

その理由を聞く

「どうしてそう思ったの？」

子どもの考えをまとめてあげる

「だからそう思ったんだね」

ノートに図や絵を描く習慣をもつ

図や絵を描くことで整理力が磨かれる

整理力をつけるには、ノートに図や絵を描くクセをつけましょう。
文章だけでまとめていると要点がわかりにくいのですが、**図や絵になっていると、ポイントがひと目でわかるので、優秀な子を育てるための勉強法としても、おすすめ**です。図や絵にしたほうが、記憶に残りやすいという説もあります。

ただ、はじめから
「教科書や参考書をまとめなさい」
と言われても、なかなかできないもの。なんでも習慣にさせるには、
「最初のうちは、取り組みやすいスモールステップ（小さな目標）から、楽しく」

を意識しましょう。

ノートを書く習慣をつけるためのスモールステップは、スケッチブックに好きな絵を描くことからはじめるのがおすすめです。

好きな絵を描くところからでOK

子どもの好きなキャラクターを真似して描いてもいいですし、おはなしをつくって紙芝居のようなものを作成するのもいいですね。**子どもの興味をひきそうなものを描くことからはじめましょう。**

そこから、教科書や参考書をまとめるために描くことへつなげていきます。

私のスクールでは、飛び出す絵本バージョンで地理の知識をまとめたり、自分で覚えたいことを単語帳にまとめたりしている子もいました。その子が気に入る取り組みやすいものからでいいので、描く習慣はもっておきましょう。

図解化する力は、大人になっても幅広く求められます。

11～12歳の時期は、**とくに手を使って整理すると、より多くの情報や知識を整理できるようになるので、頭のなかだけで考えるよりおすすめ**です。

大人にも役立つことなので、ぜひ親子で一緒にやってみてください。

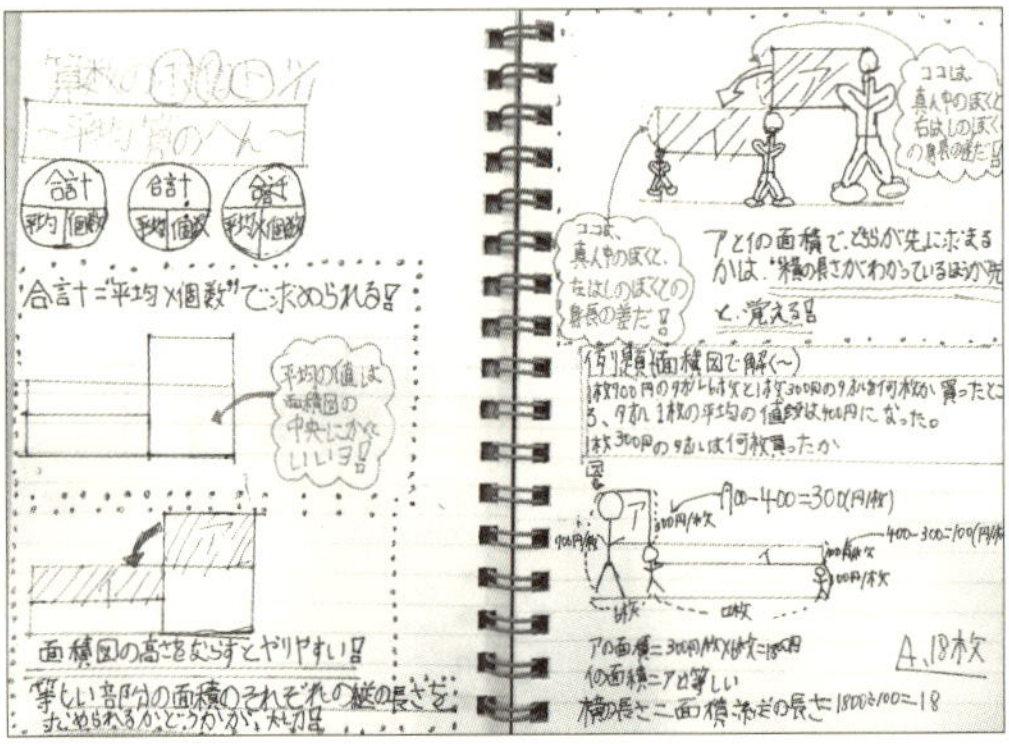

わからないものを図にしておくと見直しやすい

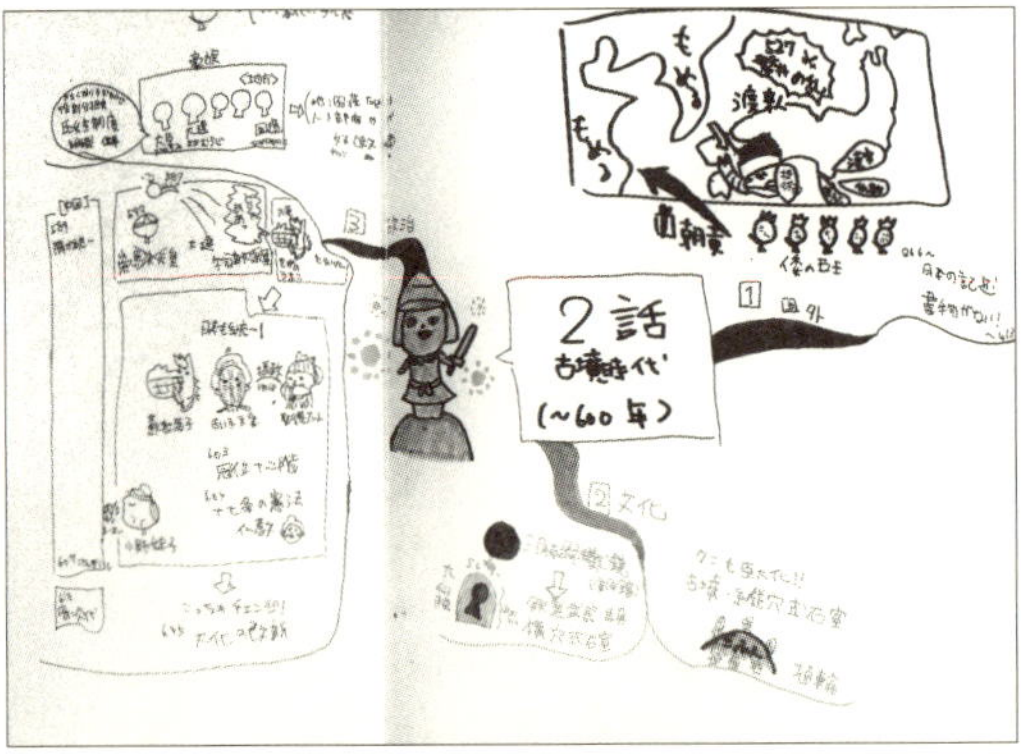

マッピングにさらに図を足してまとめるのも◎

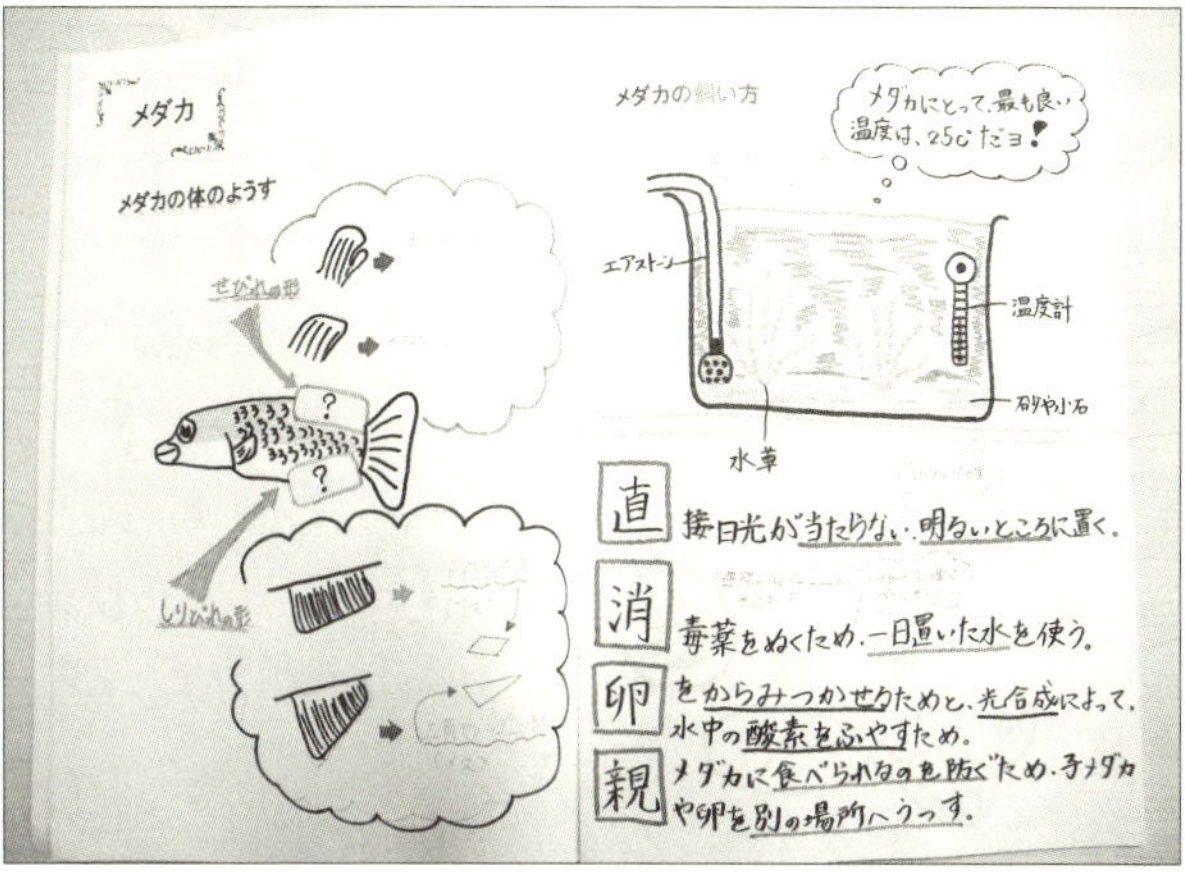

図やポイントをまとめていくうちに覚えていく

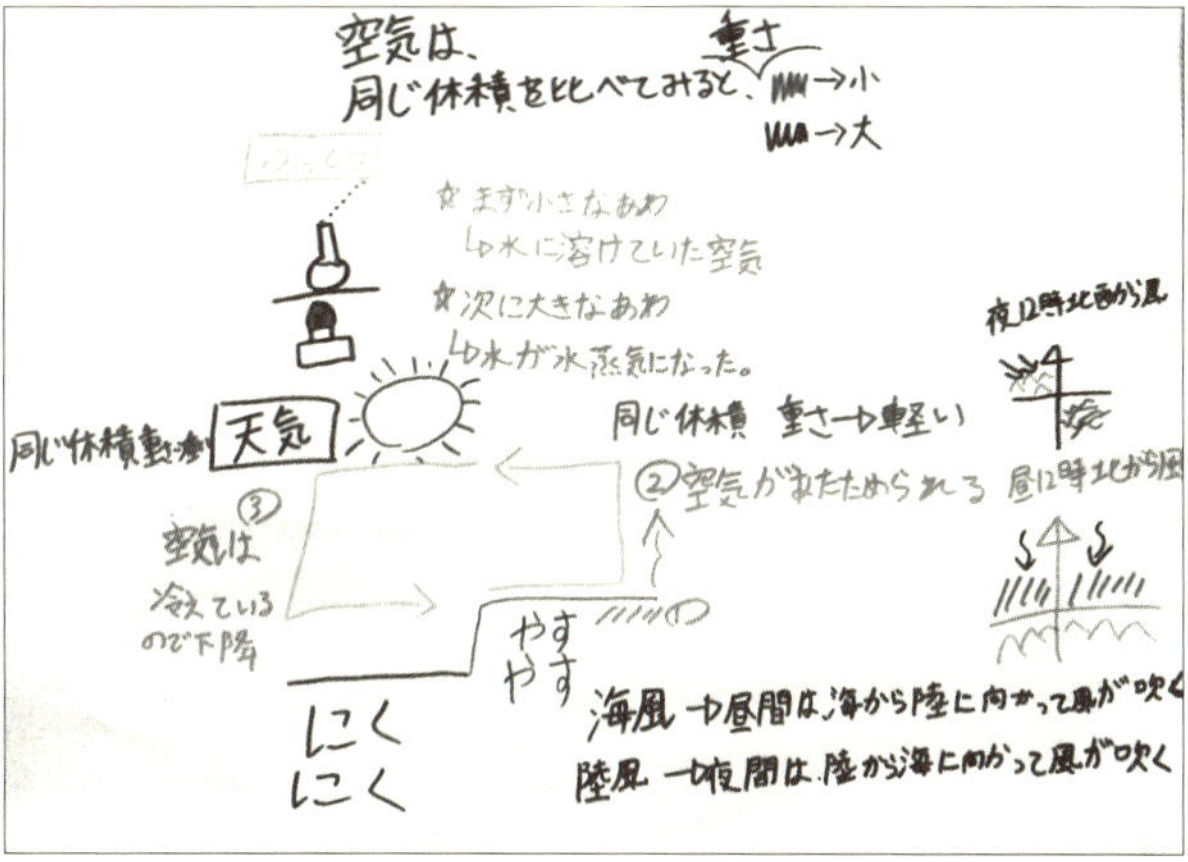

見開きにひとつのテーマをのびのび描くと◎

成績がぐんとアップする教科ごとの整理力のつけ方

11〜12歳で身につけたい整理力ですが、教科ごとに、心がけるといいポイントがあります。簡単にとりかかれるものから順に紹介していきましょう。

まずは理科・社会の図の模写からはじめよう

まずはじめは、**理科や社会の図の模写をおすすめ**します。いろいろなカラーペンを使って図を模写するうちに、どんどん楽しくなってくるケースが多いのです。自分の手で描くのを嫌がる子でも、スクラップブックのように、コピーしたものを貼るだけなら、楽しめます。

理科の場合、大切なことはほとんど図やイラストで表現できます。

理科の重要なイラストは、テキストを見ながら模写すると覚えやすい

模写するときには、まず、これは何のイラストや図なのか、文章を読んで理解してもらいましょう。読むだけではわからない場合は、大人が説明してあげるといいですね。そのあと、ほかの紙に描いてもらいましょう。

もし、説明する時間がなければ、図やイラストを覚えてもらって、描くだけでもいいですね。

図やイラストを描くのは、子どもにとって楽しい作業です。はじめは模写している図やイラストの意味がわからなくても、あとから学校などで教えてもらったときに理解できるようになります。

地理は、白地図に地名を書き入れて地図を完成させる

地図を覚えることができると、地理や歴史などを理解するのにとても役立ちます。そのために**おすすめなのが、白地図に地名を書き入れて、地図を完成させる**ことです。子どもに自分だけの地図をつくってもらいましょう。

まず、都道府県名を書き入れます。地方によって色を塗り分けても楽しいですね。それができたら、次の白地図に、山、川、平野を書き入れていきましょう。山は茶色、川は青、平野は緑というように色を決めて、書いていきます。

書くことで覚えていきます。旅行に行ったら、そこで観光した城などの建造物も書き足していきましょう。そうすることで、しっかり覚えていきます。

この時期は、**手で作業しながら記憶するような遊びをたくさん取り入れると無理なく覚えて、しかも忘れません。**

書いた作品を家の壁に貼っておくと、何度でも見る分、記憶にも定着しやすくなりますし、また書きたいという意欲にもつながるのでおすすめですよ。

白地図を多用するのは
おすすめ

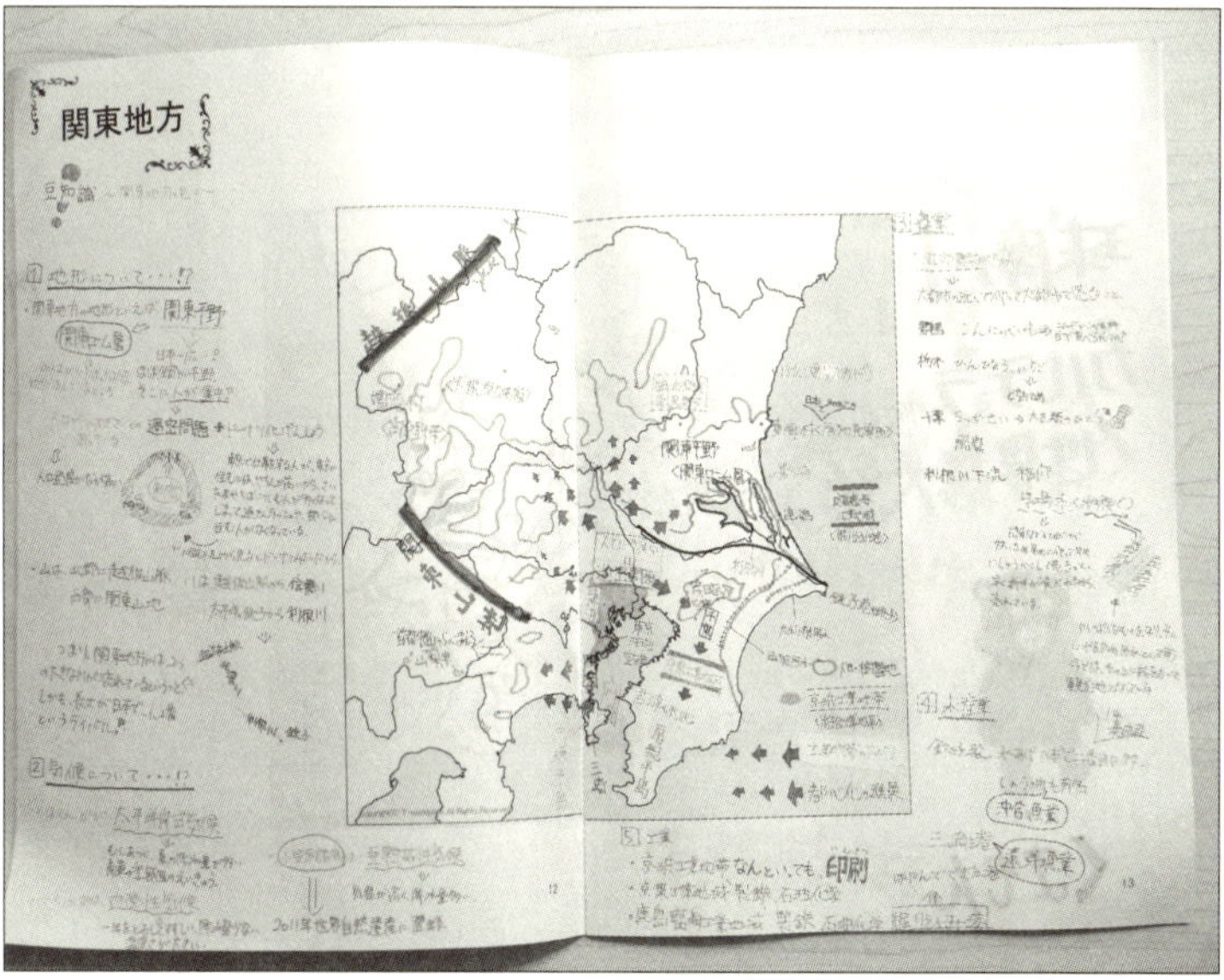

色も使いながら丁寧に描くと、記憶にも残りやすくなる

算数の例題ノートをつくる

算数でよく間違える部分については、例題ノートをつくるといいでしょう。

例題ノートとは、解き方の例題をくわしく解説したノートのことです。

例題ノートをつくることで、基本的な算数の解き方の手順が身につきやすくなるので、よく間違える問題の場合は、とくにおすすめです。


間違えたり解けなかったりするということは、教科書を読んでいるだけではわかっていないという証拠。例題ノートをつくることで、書いて、手順を知って、覚えていくというプロセスを踏むことができます。

ノートをつくる際には、解説をやさしく、くわしく書くのがポイントです。

教科書の解説では難しくてわからない場合、やさしく解説してくれている問題集やテキストを参考にするといいですね。


まず問題を書き写します。そして、解き方の手順を、わかりやすい解説をしているテキストや教科書を見ながら書き写していきます。

「○○だから□□になります」

と説明を入れながら書くと、立てた式の理由までわかるようになります。

さらにいいのは、書きおわったら
「これって、この答えはどうして出てきたの？」

と親が聞いてあげることです。

質問すると、子どもは説明しながら理解していきます。

周期算
ある年の７月４日は木曜日でした。
この年の７月20日は何曜日ですか。

曜日の問題
日月火水木金土の繰り返し
周期算！
７月４日から７月20日までの日数
20－４＋１＝17日間
７月４日は木曜日だから
木金土日月火水の17日間が１周期
17÷７＝２あまり３日（日）
↑
周期が２回ある
木金土日月火水
○１日　○２日　●３日
答え　土曜日

よく間違える問題を、１枚にまとめておくと見やすく覚えやすい

暗記するものは単語帳にする

単語帳は、子どもたちにとても人気です。

なぜかこの形（左ページ参照）がとても喜ばれています。

「覚えたら破っていい」

ということを子どもたちに伝えると、さらに喜び、覚えるごとに楽しそうに破っていきます。覚えたら破るという感覚が、気持ちいいのかもしれません。

「破るなんてもったいない…」

と言うおかあさんもいるのですが、とっておいても見る機会はないので、思いきって破ってしまっていいと思います。

単語帳のよさは、覚えなければいけないことが1枚にまとめられているので、見やすいことです。**見やすい＝わかりやすい＝記憶しやすい、につながります。**

単語帳にしたほうがいいテーマは、国語なら漢字や反対語、慣用句、算数なら公式、社会なら年号や歴史上の人物の名前、理科なら花や昆虫の名前などです。

知識として知っておきたいことをピックアップするのがいいでしょう。

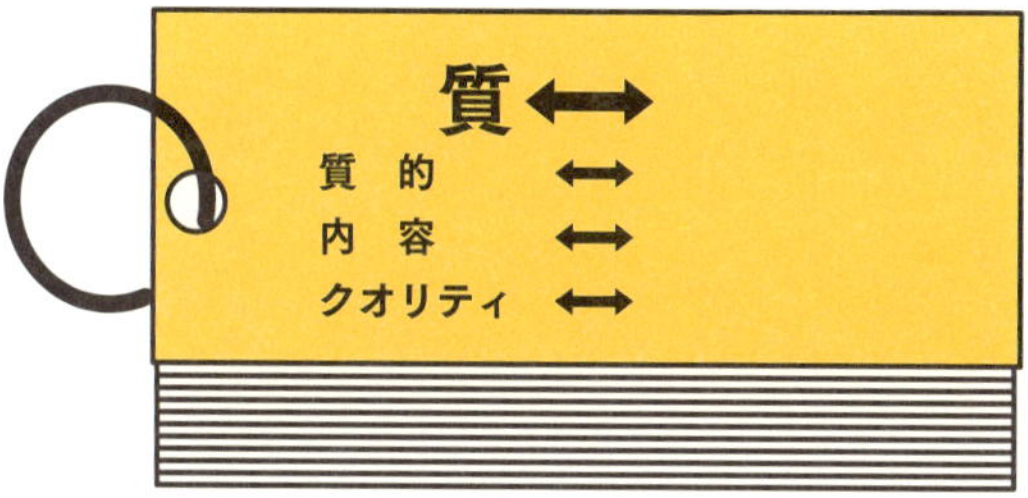

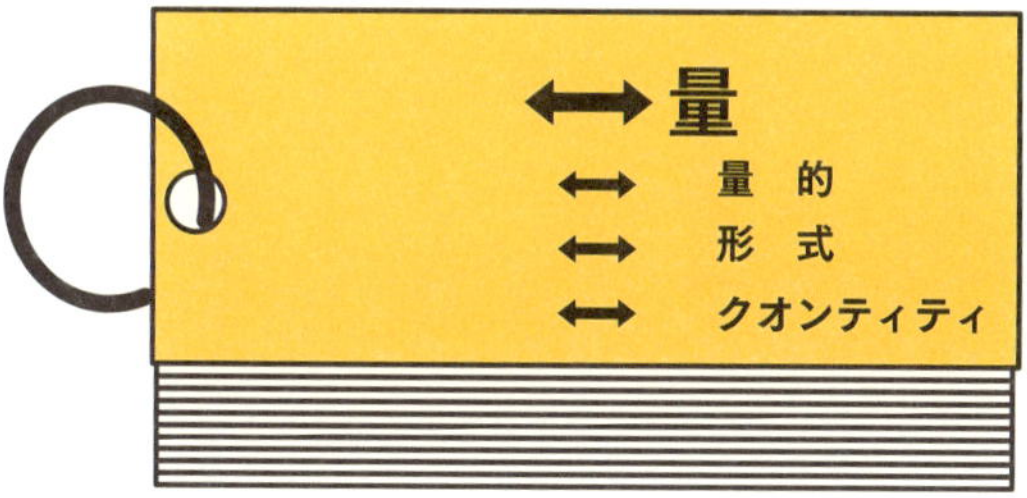

なかなか覚えられない知識を単語帳に書き、覚えられたらちぎって捨ててしまうのがおすすめ。達成感がわきやすい

おすすめは分野ごとに単語帳をつくること

さらにおすすめなのは、分野ごとに単語帳をそろえることです。

漢字の単語帳、昆虫の単語帳、歴史上の人物の単語帳というように、**分けることで整理にもなっていきます。**

覚えたら、どんどん破り捨てると楽しいですし、残っているのは覚えなくてはいけないものばかりなので、まだ覚えていないものが何かがわかると、意欲もわきます。

注意したいのは、一度にたくさんの単語帳をつくらないこと。多くても2〜3の分野に絞ってつくるほうが、最後までやり遂げられます。

単語帳は、文房具屋さんで、子どもの気に入ったものを購入しましょう。子ども自身が気に入ったもののほうが、使いたくなって気持ちが乗ってきます。表紙に絵を描けば、自分だけのオリジナル感が出て、さらにやる気も増します。

自由に工夫する姿をほめてあげれば、やる気もアップする

子どもが単語帳に自分でイラストを入れたり、何か工夫しはじめたら、そのまま自由にさせてあげましょう。

工夫すればするほど、つくったものに愛着がもてますし、使いたくなります。結果的に記憶にも残るようになります。

子どもが工夫しているときには

「すごいね」

「こんなふうにできたんだ」

「見やすいね」

「わかりやすいね」

「おもしろいね！」


と、ぜひ声をかけてあげましょう。

COLUMN

何度挫折しても、夢を追いかけ続けて成功をつかむ

ウォルト・ディズニーの生い立ちから学ぶ

知らない人はいないウォルト・ディズニー。小さい頃、ディズニー一家の畑の近くには鉄道が走っていて、彼はその鉄道の絵を描くことが好きだったといいます。ほかにも、動物や自然などのさまざまな絵を描き、7歳のときには、自分の描いた小さなスケッチを近所の人たちに売っていたこともあったそうです。

第一次世界大戦が終わってアメリカに帰国したウォルトは、漫画家を目指したのですが、なかなか芽が出ず生活も困窮。その後アニメーターになりましたが、いくつも会社を立ち上げては、うまくいかない…といったことを繰り返しました。そんななか、世界初のトーキー映画の短編アニメ『蒸気船ウィリー』を制作し

て、ようやく世界的に有名になったのです。

その後、当時はカラーの長編映画は不可能だといわれているなかで、4年もの歳月をかけ、世界初の長編アニメーション『白雪姫』を制作。大成功をおさめ、ウォルト・ディズニーの快進撃は続きました。

小さい頃から好きだった「絵を描く」ことを貫き通し、何度挫折してもあきらめなかったことが、彼の大きな成功につながっています。

「嫌いなもので世界一になった人はいない」

とロボット発明で有名な古田貴之氏も言っています。

子どもの好きなこと＝個性です。あきらめず「世界初」へのチャレンジまでできる人に育てるには、まわりからの応援も必要です。親は子どもの応援者になってあげたいものですね。

PART 6

勉強が楽しくなる メモのとり方、文房具の選び方

メモのとり方は「マッピング」がおすすめ

箇条書きより記憶に残りやすい

勉強が楽しくなったほうが、学力も成績もぐんと上がります。

楽しく勉強するために、年齢を問わず効果的なのが、メモのとり方を工夫することと、お気に入りの文房具を選ぶことです。

本章では、これらについて、くわしく解説します。

メモのとり方は、中心から放射状に線を描いた上に文字をのせる「マッピング」と呼ば

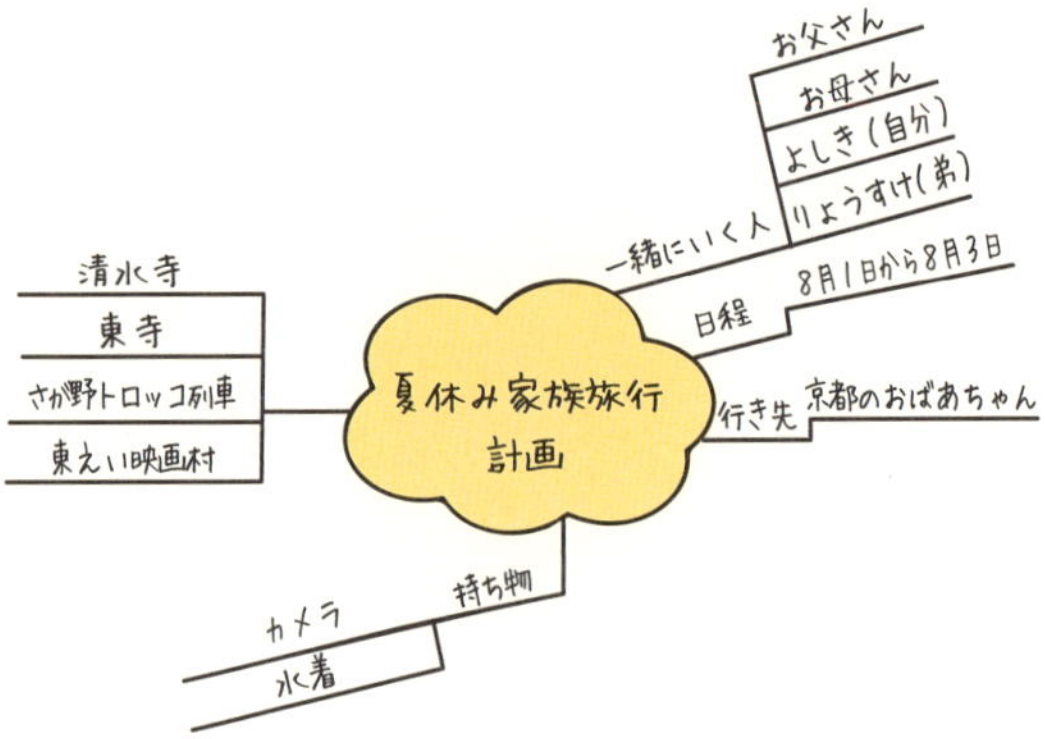

れるものがおすすめです。

真ん中に「テーマ」を描いて、それに関する内容を放射状に伸ばした線の上や四角のなかに描いていきます。この描き方をすると、頭に浮かんだものをどんどん出せるようになったり、分類しながら描くことで整理力がついたりします。最近は、国内外の学校で導入されはじめているほか、会議で使われたり、商品開発に活かされているという声も聞きます。

子どもたちの場合は、自分で好きなところに描くこともできる分、描くことが楽しくなったというケースも多いので、ぜひ試してみてください。

普通の箇条書きのメモの場合

- **描いていても楽しくない**
- **記憶に残りにくい（図のほうが、記憶に残りやすい）**
- **分類しにくい**

低学年は描きたいものを楽しく描けば◎

マッピングは、学年によって描くといいポイントが違います。低学年の場合は、まず描きたいものを描くのがいいでしょう。真ん中の「テーマ」のところやあちこちにイラストを描くと、楽しんで夢中になって描いてくれます。

たとえば、昆虫の図鑑をつくらせようと思ったら

「真ん中にはどの昆虫を描く？」

などと言うと、自分の好きな昆虫を描いてくれます。絵が苦手な子どもには、お手本になるような絵や写真を見せてあげると、喜んで描きます。

マッピングする内容は、図鑑系の知識のまとめや旅行に出かけた場所のまとめや、日記の下書きのように、1日の流れを整理するために使うといいですね。

イラストをたくさん、好きな色を使って楽しく描かせてあげてください。よく何を描いているか文字が読めないと嘆く親御さんがいますが、この頃は上手に描けなくても、子どもが楽しく描いていることのほうが大切です。

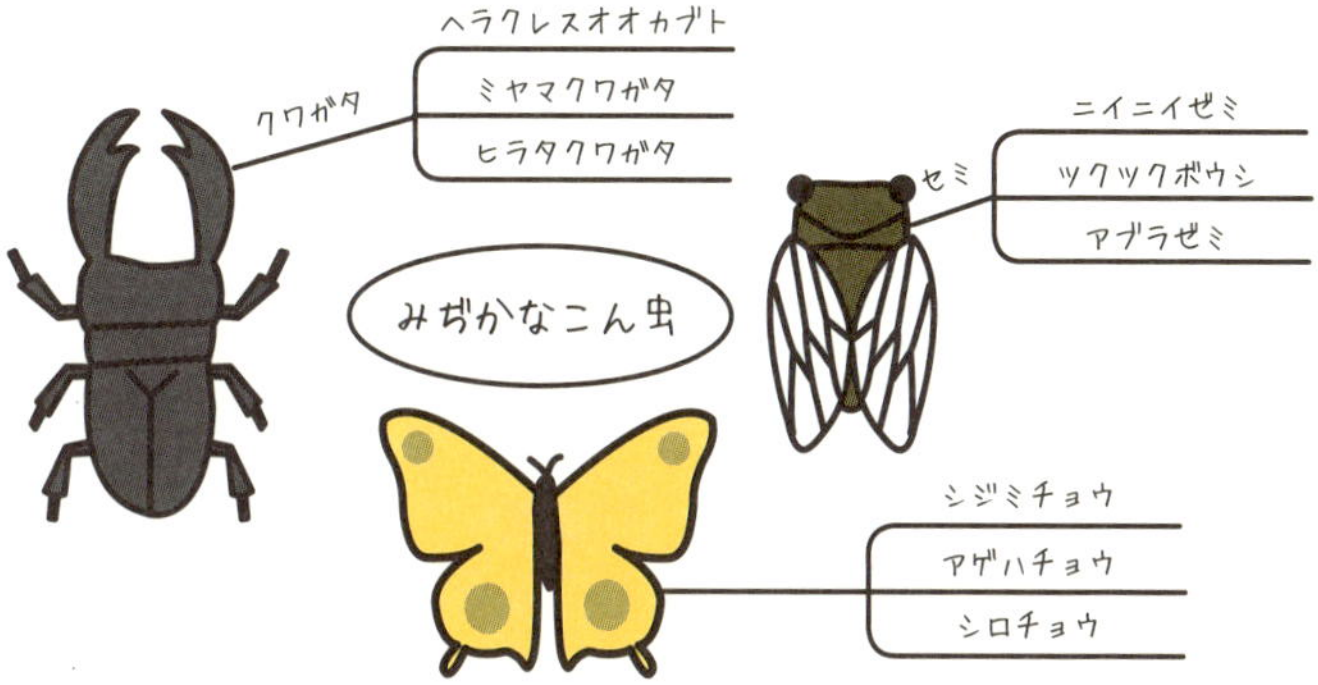

好きなイラストをシンプルに描くのがいい

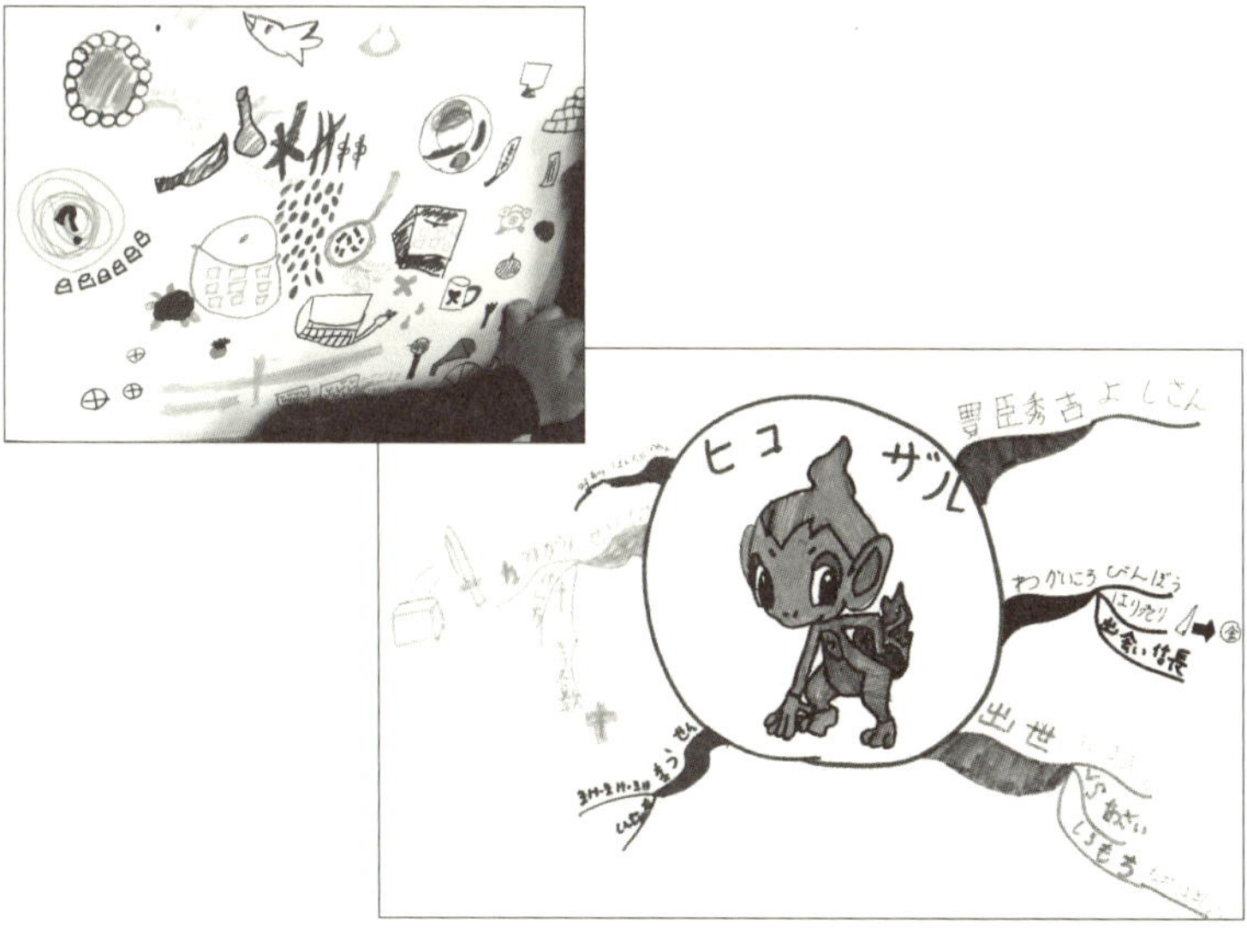

中学年は、楽しさ＋ポイント部分をメモする

中学年の時期のメモのとり方は、どうでしょうか。まず真ん中の「テーマ」のところにはイラストを描くのを好むはずです。自由にさせてあげましょう。

真ん中のイラストは、描く内容に関連したものがいいので、たとえば「日本の自動車工業をまとめること」がテーマの場合は、

「この内容から、一番印象に残ってるものを真ん中にイラストで描いてみてごらん」

と言ってあげるといいでしょう。

放射状に伸びた線の上には、それぞれトピックを分類して描いてもらいましょう。頭が整理できるようになります。描く内容の量は、まだ少なくてもＯＫ。

たとえば、**テキストの太字部分だけ拾っていくと描きやすい**ですよ。

この時期にメモをとる習慣をつけておくと、考える力と記憶力が身につきます。

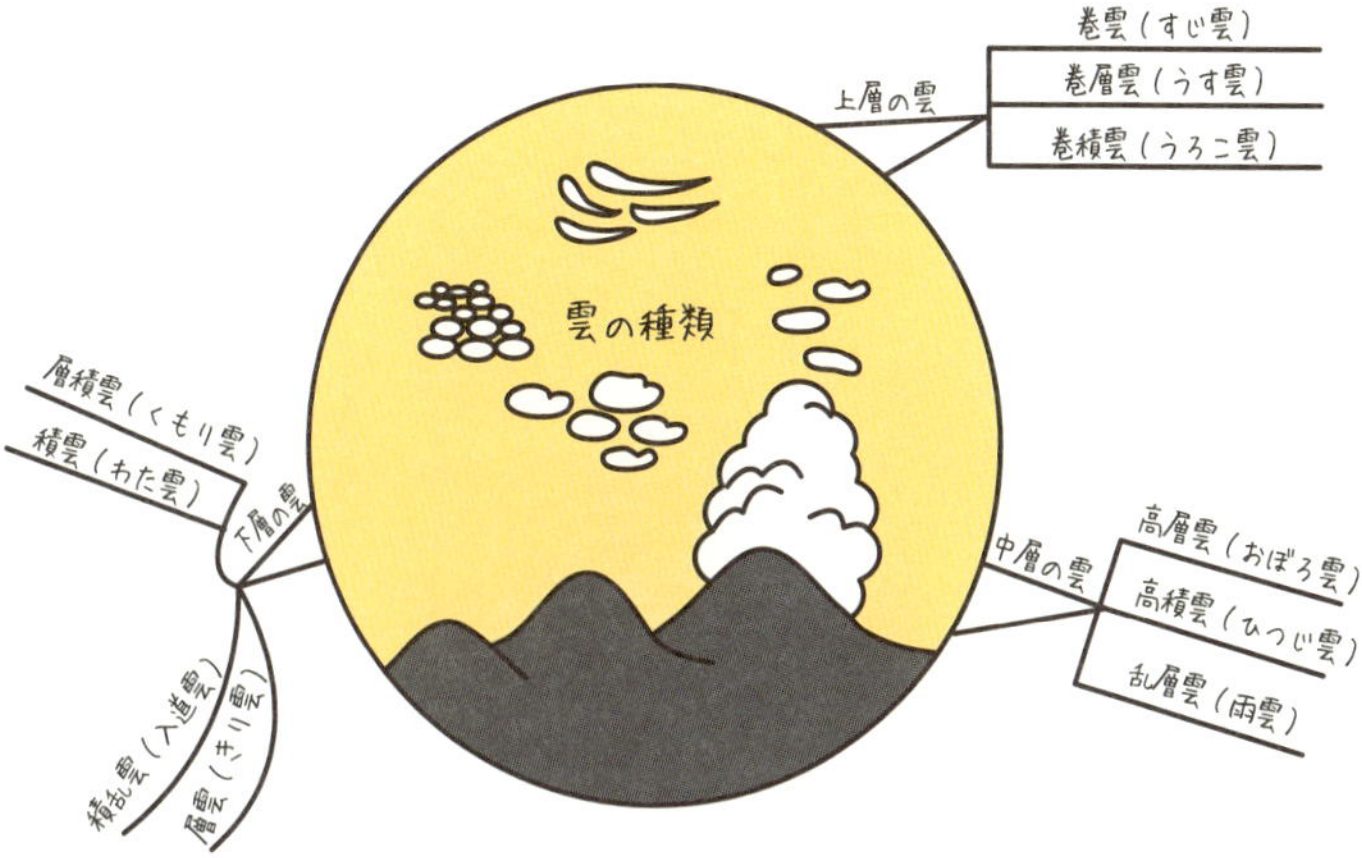
雲の種類
上層の雲
巻雲（すじ雲）
巻層雲（うす雲）
巻積雲（うろこ雲）
中層の雲
高層雲（おぼろ雲）
高積雲（ひつじ雲）
乱層雲（雨雲）
下層の雲
層積雲（くもり雲）
積雲（わた雲）
積乱雲（入道雲）
層雲（きり雲）

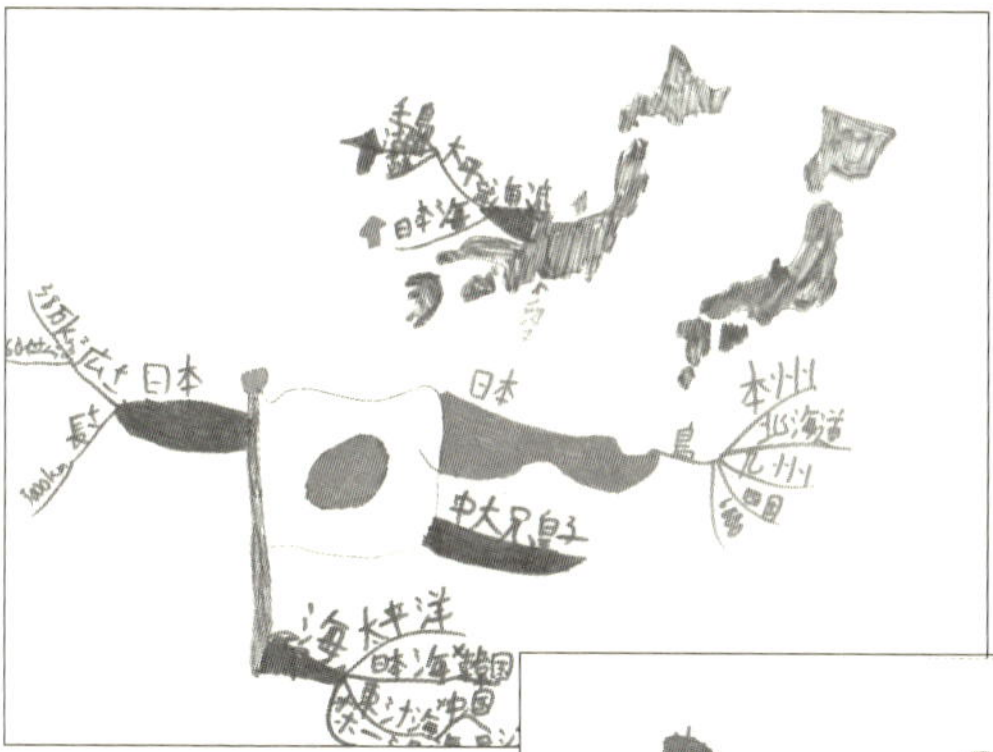

高学年は、整理しながら描く

高学年になったら、「楽しいから描く」から「整理されるとわかりやすいから描く」にしたい時期です。メモすることの本来の目的は、整理することです。

小学生のうちに整理力が身についていると、中学生以降の勉強や仕事でも、大活躍できます。

この時期は、真ん中の「テーマ」も文字で書くようにしましょう。これは、言葉にする力をどんどんつけていくためです。色は、多色でも一色でもかまいませんので、やりたいようにやってOKです。

また、子どもによって自分なりに工夫していくようになりますので、かならずしも放射状に書く必要はありません。

まとめたいことや、わからないことがあったとき、メモを書くという習慣が身につけば、高校受験や大学受験、社会人になってからも役に立ちます。

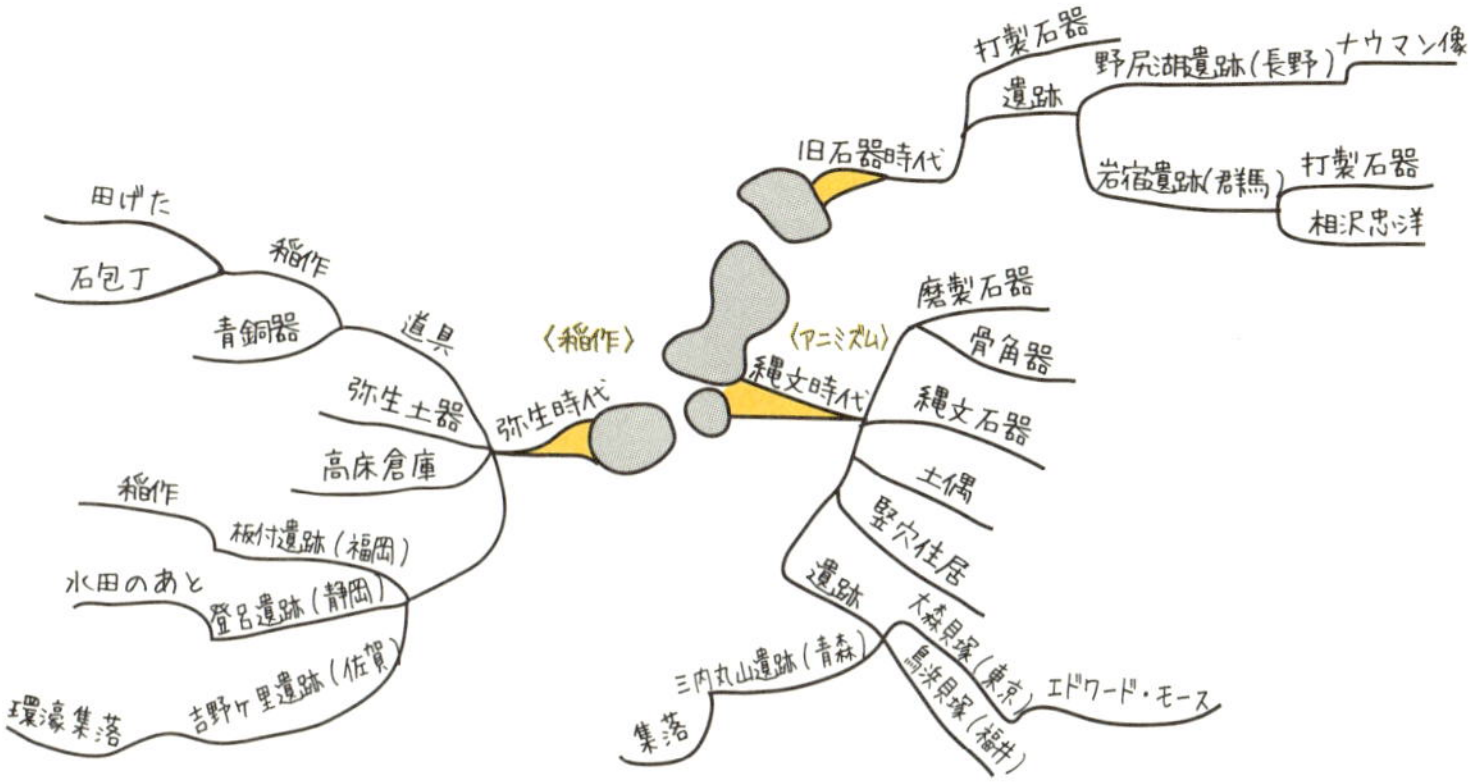
旧石器時代
遺跡
打製石器
野尻湖遺跡（長野）
ナウマン像
岩宿遺跡（群馬）
打製石器
相沢忠洋
〈稲作〉
弥生時代
道具
稲作
田げた
石包丁
青銅器
弥生土器
高床倉庫
稲作
板付遺跡（福岡）
水田のあと
登呂遺跡（静岡）
吉野ヶ里遺跡（佐賀）
環濠集落
〈アニミズム〉
縄文時代
磨製石器
骨角器
縄文石器
土偶
竪穴住居
遺跡
大森貝塚（東京）
エドワード・モース
鳥浜貝塚（福井）
三内丸山遺跡（青森）
集落

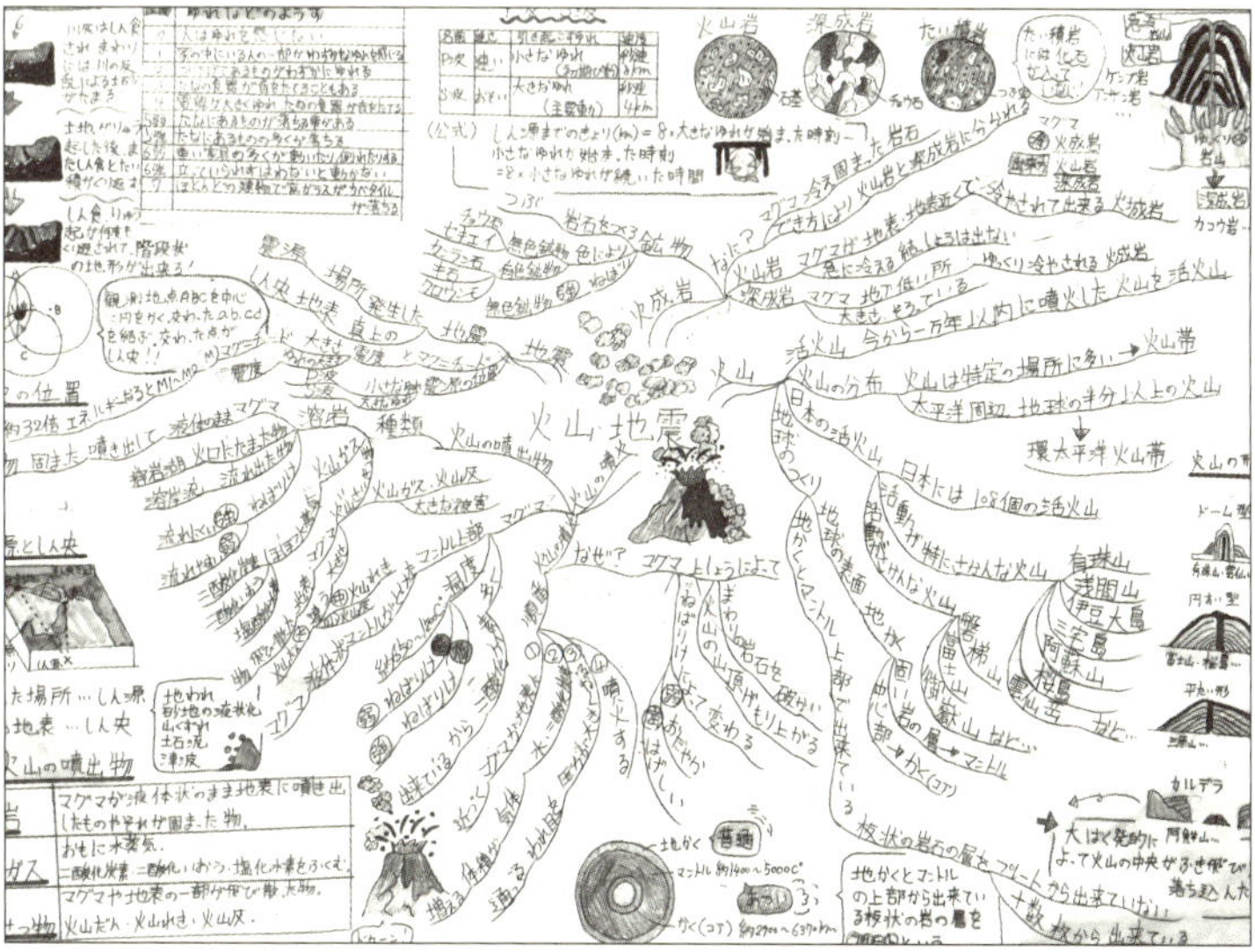
火山地震
火山
地震
火山岩
深成岩
火成岩
活火山
火山の分布
火山帯
環太平洋火山帯
日本には108個の活火山
地球のつくり
火山の噴出物
溶岩
種類

マッピングではないメモのとり方

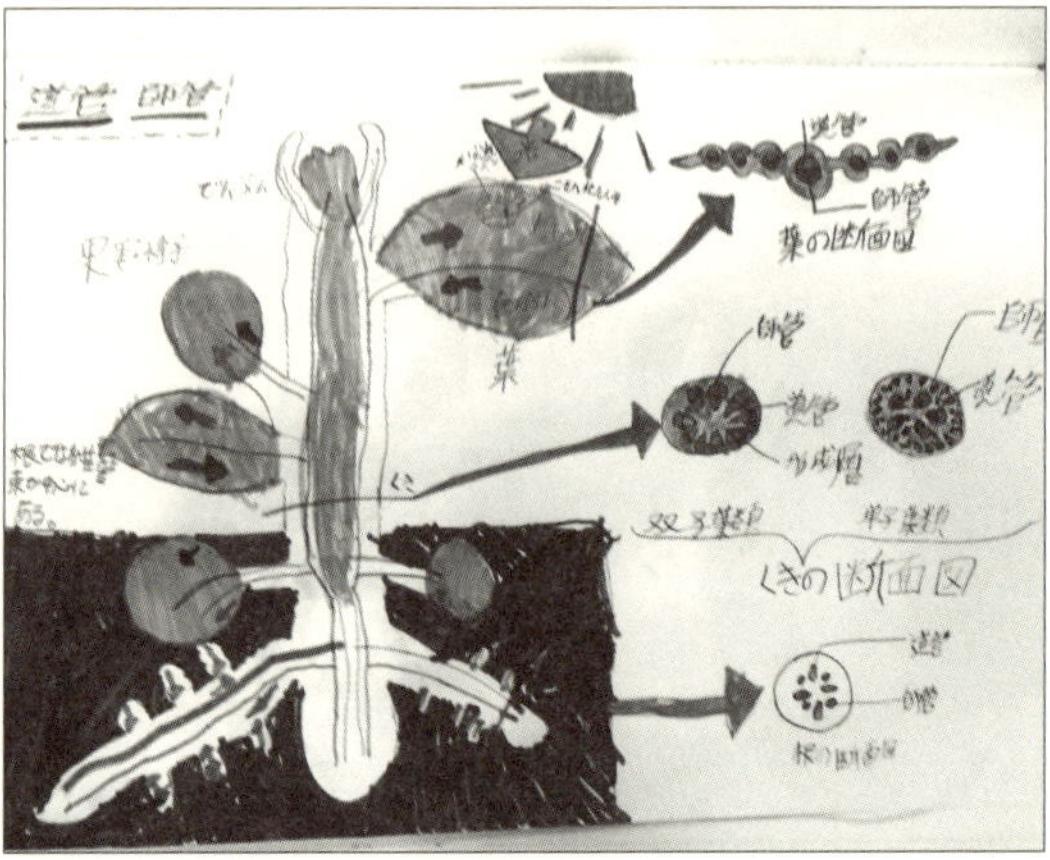

図に説明を入れるのも OK

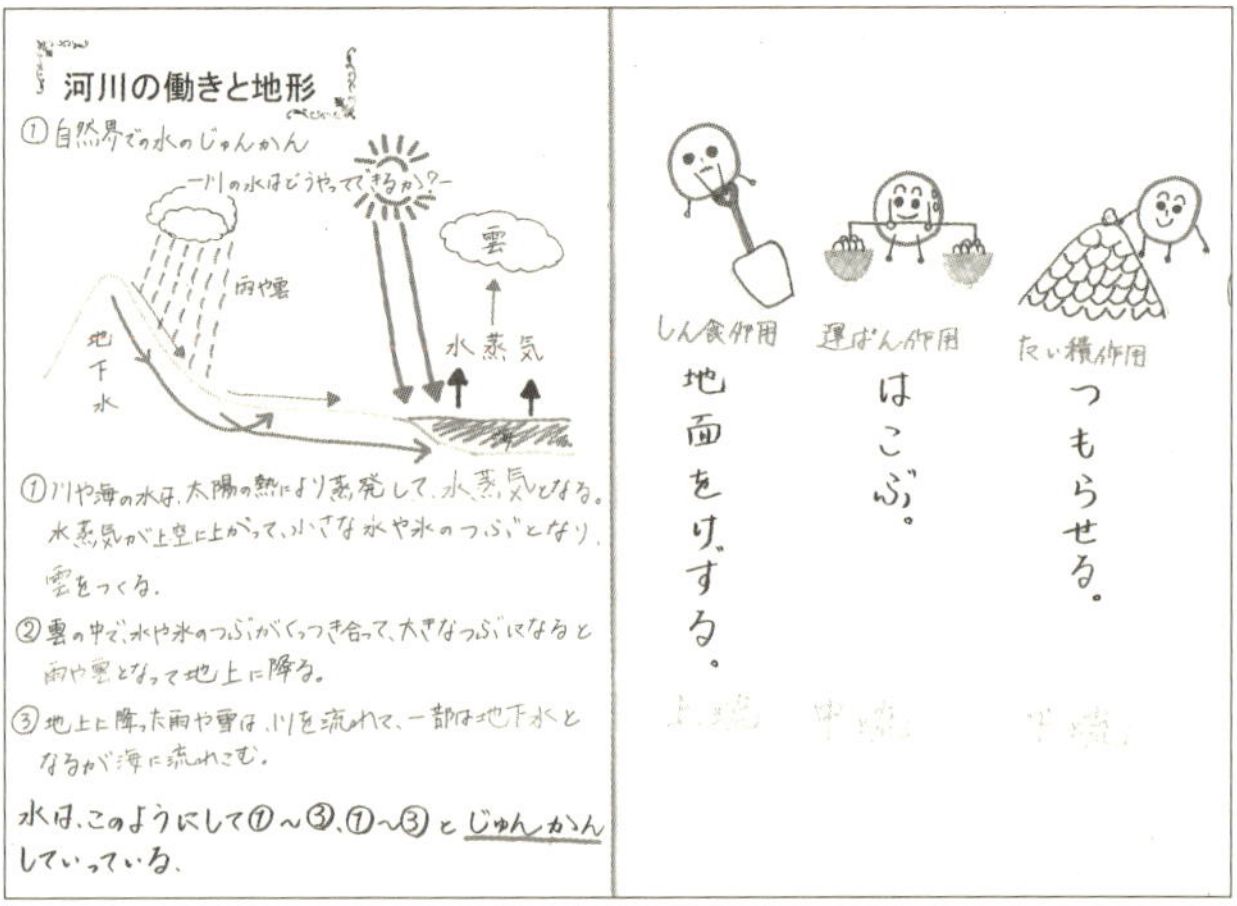

図の下に要点をまとめても OK

楽しく描ける工夫をしたメモのとり方

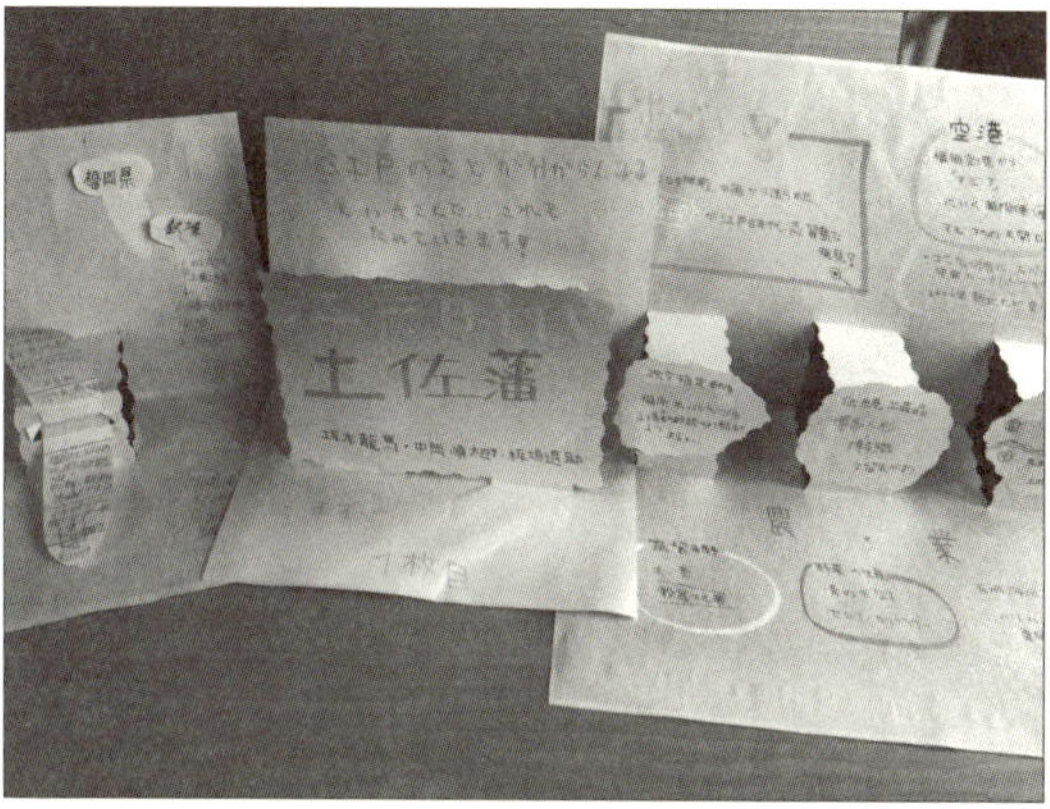

飛び出す絵本風にして
覚えたいところを強調するのも◎

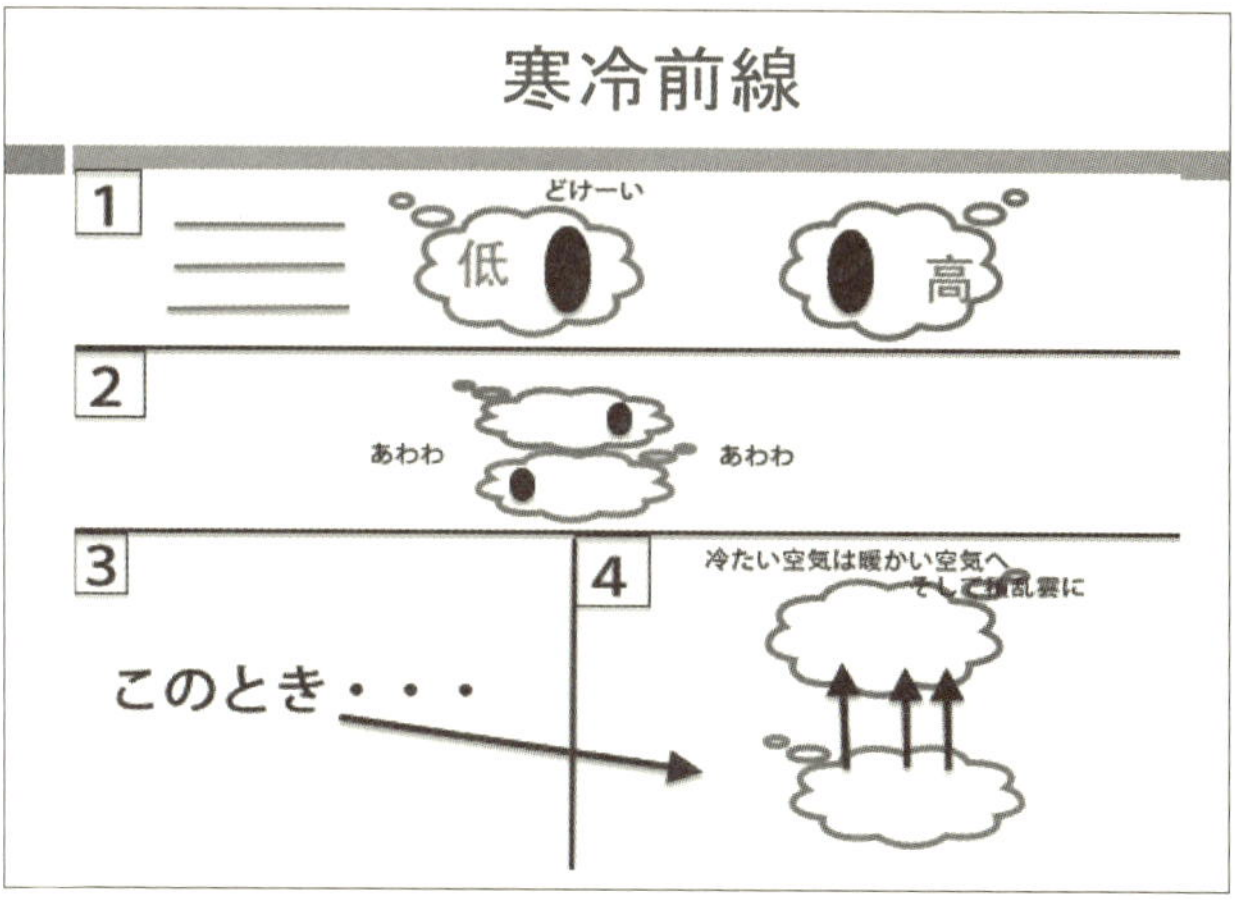

パソコンが得意ならパワーポイントで
図解メモを作成するのも◎

伸びる子になるノートの選び方

大きいサイズのものがいい

勉強に欠かせない文房具。いいものを使えば、脳が活性化し、子どもも楽しんで勉強に取り組めるようになります。ここでは、ノートに焦点を当てましょう。

大きさは、A4サイズがおすすめです。A4サイズのノートは、開くとA3サイズになります。A3サイズはノートとして一番大きなサイズです。この**A3サイズでメモをとるのがおすすめ**です。「マッピング」でメモをとるとき、ノートが大きいほうがいいのは次の理由からです。

1　ひとつの「テーマ」を1枚にまとめたほうが、まとまっていて理解しやすい

小さいと、メモできるポイントの数が少なくなってしまう

2 のびのびとどこにでも書いてもいいスペースがあると、どこに書いたらいいか考えて書けるようになる

小さいと、思考も窮屈になる

3 イラストや図を入れたりするのに、「広い」ほうがいい

イラストや図を入れられたほうが、記憶に残りやすくなる

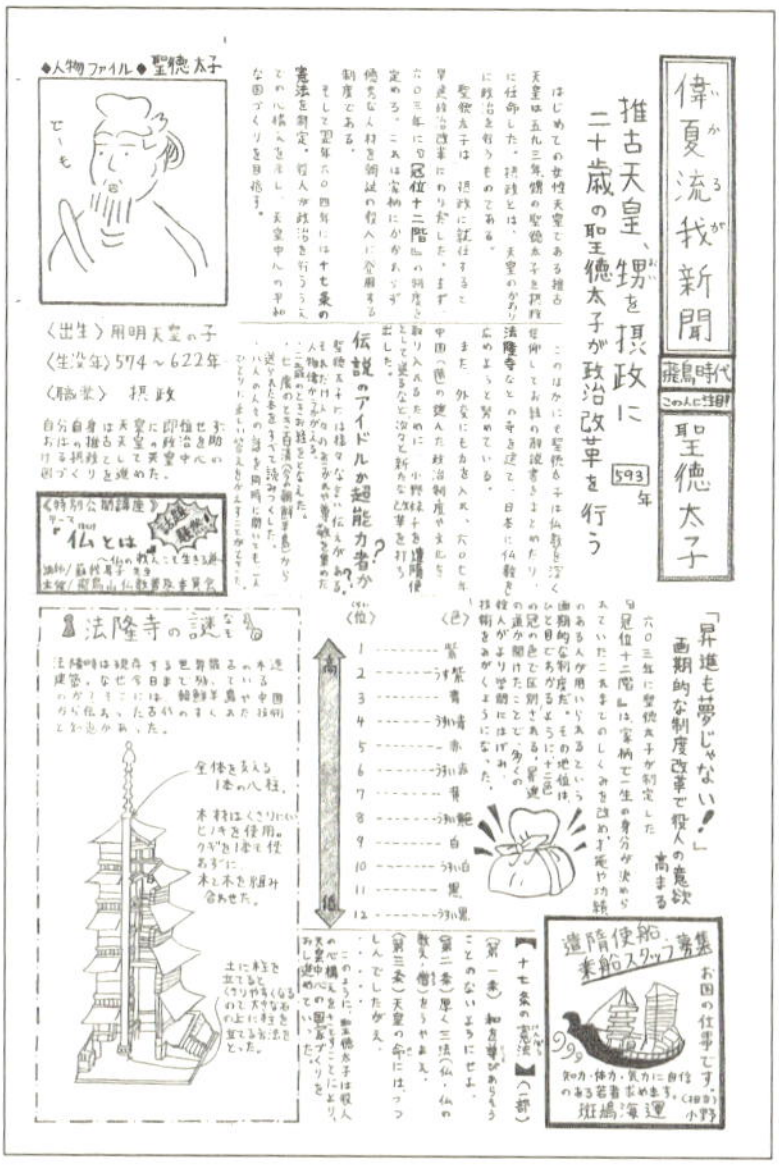

新聞風にまとめるのも◎

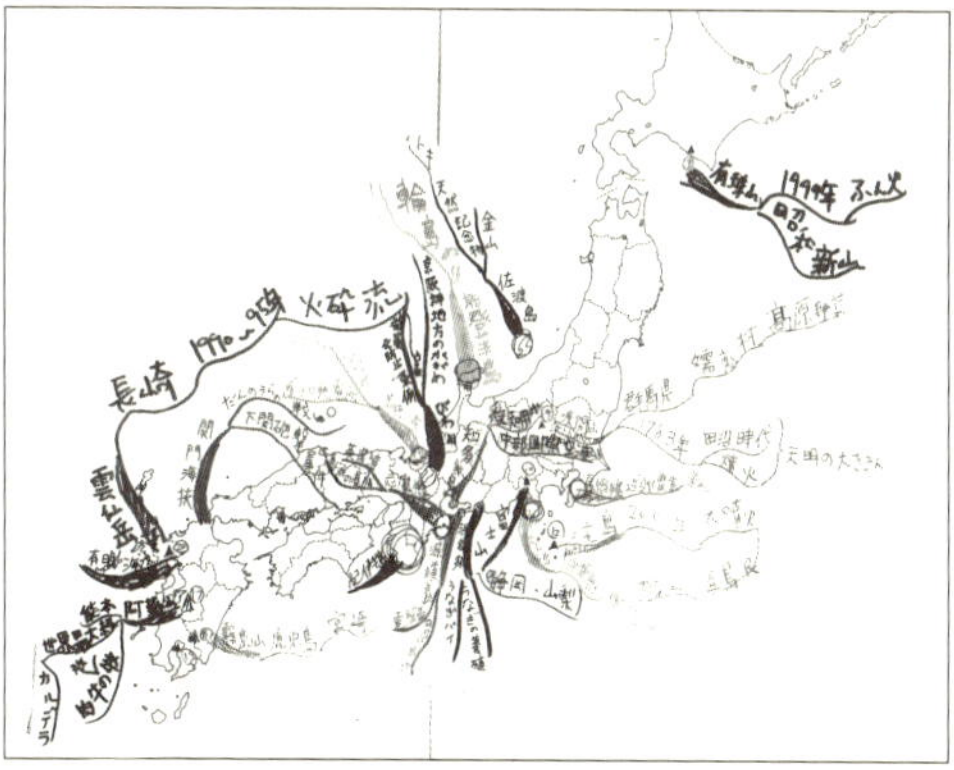

白地図の重要な箇所に、
県名と特徴を書き入れておくと
要点がわかりやすい

方眼ノートか真っ白のノートがおすすめ

サイズのほかには、真っ白の無地か方眼ノートを選ぶのがおすすめです。**無地のよさは、どこにでも書いてもいい自由さがあること。**のびのび書けるので、子どもは喜びます。ノートを書くのも、お絵描きをするのと同じ感覚で、書けるようになったら楽しくなります。

罫線があると、まっすぐに箇条書きで書かなくてはいけなくなってしまいます。書く場所も、上から順に書いていきますし、あとから書き足しにくくなりがちです。つまり、自由な発想が抑えられて、制約がたくさん生まれてしまうのです。こうなると、思考も窮屈になっていきます。

罫線ノートは、字をきれいに書く習慣をつけるのにはいいのですが、低学年の子どもや「マッピング」を書くには不向きです。無地なら、思いつく順番で、思いつく場所にどんどん書けるので、自由にメモをとることができます。

4年生以降の高学年になったら、方眼ノートもおすすめです。とくに、算数や理科、社会などは方眼ノートがいいでしょう。

高学年になると、算数では作図が増えてくるのですが、方眼があると描きやすくて便利なのです。算数はもともと作図したほうが理解しやすくなります。

理科、社会でも、方眼のほうが図や表、日本地図などを写しやすいですね。

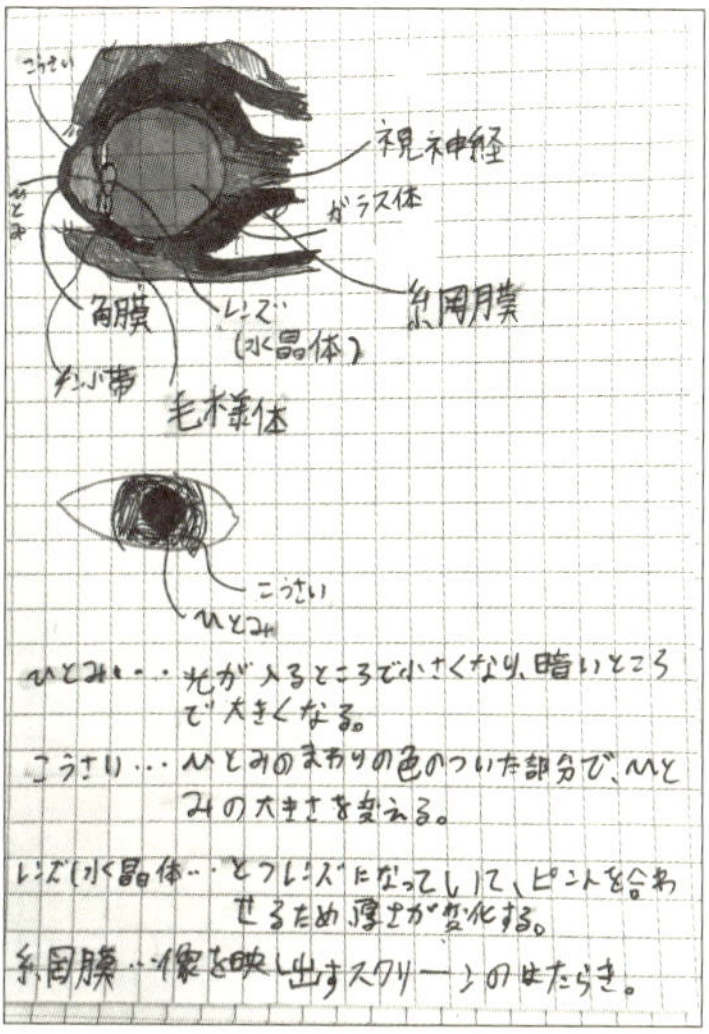

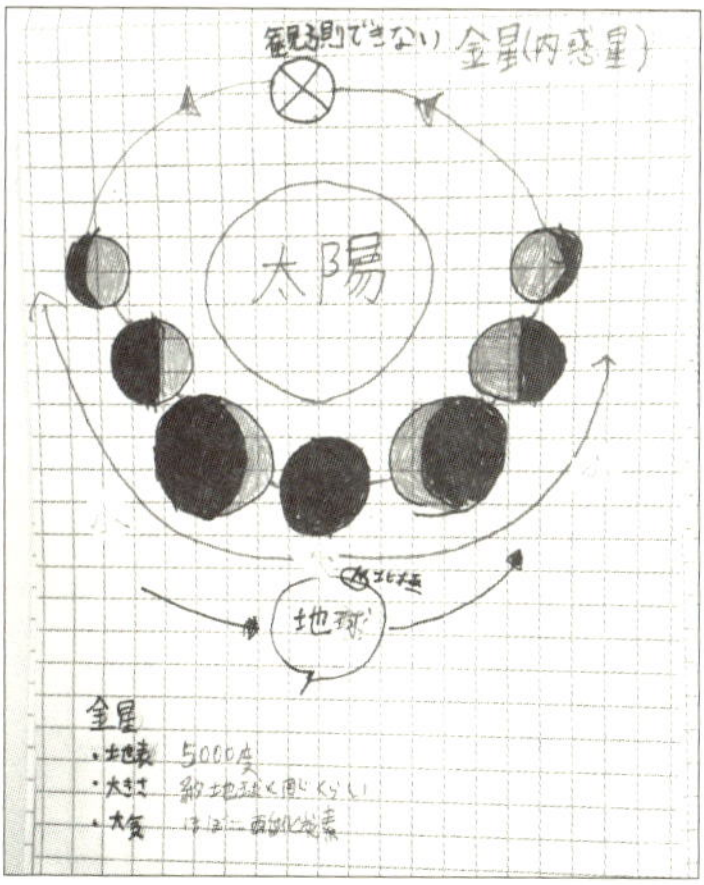

方眼用紙に理科の重要な図を
まとめると覚えやすい

天才脳が育つノートの使い方

ノートはけちらない

ノートを使うとき、無駄な空白ができると、つい詰めて書かせたくなってしまいますが、新しいテーマのことをメモする場合には、思いきって新しいページに書いていくようにしましょう。**書く内容は1ページ1テーマにとどめたほうが、すっきりと理解できます。**

とくに「マッピング」というメモのとり方をする場合は、ひとつの「テーマ」にひとつの「マッピング」（図）を書きながら頭のなかの整理をしていきます。

その際、ほかの「テーマ」の「マッピング」が同じページに書かれていると、頭のなかが整理しにくくなってしまいます。

そもそも**メモをとる目的は、学んだことをしっかりと記憶にとどめること**ですから、けちったりせず、どんどん新しいページを使うようにしましょう。

ノートに装飾するのはおすすめ

楽しいノートにすると、子どもたちはどんどん書きたくなるので、工夫させましょう。おすすめなのはノートを好きなように装飾することです。それだけで、愛着がわいて、喜んで書くようになります。

カラフルなマスキングテープやシールやもこもこペンなど、子どもに好きなものを選ばせて、オリジナルのノートを作成しましょう。**遊びの要素が入っているほうが、勉強に対しても前向きな気持ちで取り組めます。**

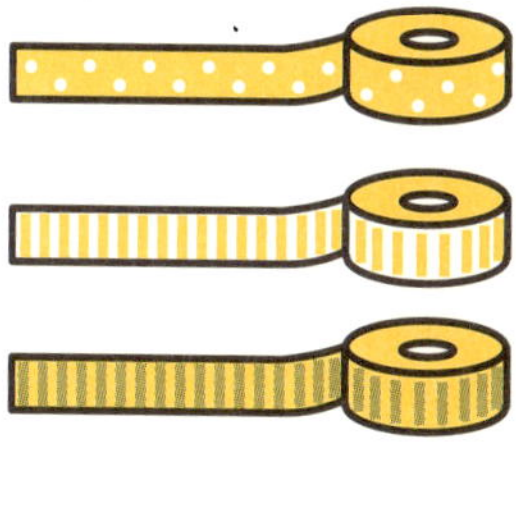

グングン伸びる子になる文房具の選び方

おすすめのペンやメーカー

ペンは、太いものと細いものの両方をそろえましょう。色を塗ったり、強調したいときは太いペン。文字を書いたり絵を描いているときに、繊細な線を引きたくなったら細いペン。用途に合わせて選べたほうがいいですね。

また低学年のうちは、細いペンでは書きづらいので、太いペンは必須です。

おすすめペンやメーカー

●三菱鉛筆 水性ペン ピュアカラーF 12色 PW101TPC12C

太字も細字も1本で書けるので便利。低学年のうちは、細かな装飾より、クレヨンのように塗りつぶせたり、思いきって書けるもののほうがいいようです。

●パイロット／PILOT　フリクションカラーズ 単色 【SFC－10M】カラーペン FRIXION

いろんな色が単色で選べます。書き心地もなめらか。フリクションなので、間違えたら消せるのもいいですね。高学年の子どもにおすすめです。

●ステッドラー 細書きペン トリプラス ファインライナー 10色

極細のペン先なので、細かい作業をしたいときにおすすめ。細かな文字を書ける高学年の子どもたちにいいでしょう。

● ilauke 蛍光水性ボールペン メタリック色 パステル キラキラ 蛍光中性筆ゲルペン 極細 0.1㎝子供／大人の塗り絵 コンパクト 48色セット カラフル

子どもの好きな蛍光色で、色もたくさんあるので楽しく描くことができます。装飾を工夫できるようになる高学年の子どもにおすすめです。

●セーラー万年筆 フェアライン6　6色ボールペン

芯が6色あるので、携帯して持って歩くのに便利。高学年の子どもに◎。

どんどん愛着がわいてくる文房具選びのポイント

自分で色を選べる5色ペンは子どもが喜ぶ

嫌いな色の場合、使わなくなってしまうことはありませんか？自分で色を選べると、自分だけのオリジナルボールペンになるので、愛着がわいてきます。**好きな色のペンなら、もっときれいに書きたくなり、学習がはかどります。**

高学年ではフリクションペンが大活躍する

低学年ではあまり必要としませんが、**高学年になると、間違ったものをきれいに消してから新しく書き直すことをおすすめします。**きれいなノートにまとめられるほうが、愛着がわいてきて、学習もはかどるからです。このとき、消すことができるフリクションペンは便利です。

低学年ならフリクションペンより修正テープ

低学年の子どもは、書いたものが間違っていても消すのを嫌がります。そのときは、間違った箇所に上から×を書いて、続けて書かせてあげましょう。どんどん続きを書きたいという気持ちが大きいので、ペンで書くときは、特別に消さなくてもいいようにしてあげて、書く意欲のほうを大切にしてあげてほしいのです。間違った箇所に、あとで修正テープをぺたぺた貼るのも喜びますよ。

色鉛筆は意外と不向き

色鉛筆は、低学年の子どもには意外と好まれません。**この頃の子どもは発色のいい色を好みます。**集中しているときに、芯を削るのに作業が中断されるのも、めんどくさいと感じるようです。

ふで箱の中身はカラフルにする！

ふで箱の中身を全部変えたら、勉強するのが好きになった子が続出！

ふで箱を開けてみると、鉛筆、シャーペン、赤鉛筆、消しゴムが入っているのが一般的です。でも、好きな文具を詰め込んだふで箱にすると、ノートを書く作業が楽しくなり、勉強好きになった子どもがたくさんいます。

大人がジョギングするとき、ウェアからそろえると、やる気になったりするのと同じで、形から入るのはおすすめです。

また、**勉強ができる子たちに共通していること。**

それは、ふで箱の中身がカラフルなペンでいっぱいだということです。

筆記用具はカラフルなほうが、わくわくして書きたくなってきます。

でも、それだけではありません。

カラフルな筆記用具を使うことは整理力アップにもつながる

カラフルな筆記用具を使うことは、整理力にもつながっています。

はじめはただやみくもに色を使って書いていくのですが、次第に、重要なポイントは青で塗ったり、マークを考えたり、とくに重要な単語は囲ったり…と、子どもたちそれぞれに工夫しはじめます。

高学年になると、見事な図解化ノートをきれいに色分けして書いたりすることもできるようになっていきます。

以前『東大合格生のノートはどうして美しいのか』（太田あや／文藝春秋）という本がベストセラーになったように、**頭のいい人は、ノートのとり方に長けています。この力は、小学生のうちから培うことができるのです。**

本人が気に入っているものを最優先に選ぼう

書くときの心地よさ、使いやすさにこだわっている子も多く、

「シャーペンはこれがいいんだ」

「ペンはこれを使うのがいいんだ」

と、いくつかの種類のカラーペンや付箋などが入ったふで箱をうれしそうに見せてくれる子もいます。


心地よさ、楽しさ、使いやすさがないと、書くことが苦痛になって、だんだんやらなくなってしまうので、子どもが気に入ったものを選んであげましょう。

ちなみに、ふで箱の中身は、低学年のうちからカラフルにしていてもいいですね。低学年のうちは、子ども本人はあまり興味がないかもしれませんが、そろえておいてあげると、次第に自分で工夫しながら使うようになっていきます。

小学生のうちは、まず楽しい↓そこから工夫をしていく↓自然と整理力が身につく、という流れをたどるので、ぜひ子どもが気に入るものにしてあげてください。

PART

7

学力アップ＆中学受験に強くなる親の関わり方

これからの受験では、知識＋考える力が求められている

これまでの入試対策では通用しなくなってきている

親御さんたちの間でも注目されはじめていますが、中学受験の傾向が、徐々に変わってきています。これまでの入試の傾向は、知識を問う問題が多かったのですが、**近年の私立・公立中高一貫校では、「適性検査型入試」「思考力入試」「英語選択入試」の形態が増えてきています。**

「適性検査型入試」「思考力入試」の場合は、小学校で習ってきた知識をもとに、柔軟な思考で考えなければ解けない問題が数多く出題されます。

加えて、自分の言葉で意見を述べることも求められます。この力は、グローバル社会で活躍するために必要な要素といわれています。「英語選択入試」の場合は、英語をしっかり学んできた小学生には有利なので、注目されています。

高校入試も大学入試も、新たな対策が必要になってくる

このような、少し変わった入試形態だけでなく、最近の中学入試はグローバル社会で活躍できる人を育てるような傾向になってきています。

ただ知識を暗記して臨めば受験に合格するという時代ではなくなってきているのです。これは、中学受験にとどまらず、高校入試や大学入試にもいえることです。本物の学力が必要になっていることがうかがえますね。

受験前の子どもを伸ばす6つの関わり方

1　学校や先生の悪口を言わない

受験生の子どもに対して、日常生活のなかで、どんなことに心配りしながら関わっていけばいいのか。多くの親御さんが気にするところです。

まず意識したいのは、学校や先生の悪口を言わないことです。子どもは、大人の言っていることをしっかりと聞いています。学校や先生の悪口を親が言っていると、自分の意見のように錯覚し、同じような目で批判しはじめます。

先生の悪口を言っていたら、その先生の授業内容があまり入らなくなってしまうのです。

2 子どもの考えを理解し、話し合う機会をもつ

小学高学年にもなると、子どもも自分の意見をもちはじめます。親の考えを押しつけるだけでなく、**本当に子どもが思っていることを聞いてあげたほうが、意欲が増して成績が伸びる**こともあります。

私のスクールの生徒で、こんなケースがありました。小学6年の5月まで、親が通わせたい学校を第一志望にしていたのですが、

「本人の気持ちを聞いてほしい」

と親御さんから相談があり、生徒と話をしたことがあります。

すると、じつは本人はほかの学校を志望していることが判明。その時点ではその学校の入試対策ができていなかったのですが、励まし続けたところ、メキメキと伸びはじめ、直前の模擬試験で合格80％をもらうように。結果は見事合格。

本人がやる気になっていたことが、勝因だったと思います。

3 勉強漬けにするのではなく、お手伝いもさせる

勉強さえしていれば、ほかのことはすべて親がやってしまうという家庭を見かけますが、私は勉強だけさせることはおすすめしません。

自分の生活や身のまわりを整えることは、大きな気分転換になります。

部屋や机がぐちゃぐちゃでは、なかなか勉強もはかどらないので、身のまわりを整えることは、当たり前の習慣にしたいものです。

その習慣が、きちんと書く、読むといった習慣にもつながっていきます。

また、**中学受験で合格してきた子どもたちの多くは、精神的に自立できていました。**たくさんの子を見てきて、自分のことは自分でできることと学力はつながっているように感じます。

受験をするしないに関わらず、ぜひ自分のことや身のまわりのお手伝いはさせるようにしましょう。

4 日頃のがんばりを認めてあげる

受験勉強は、数年間に及びます。何よりも、子ども自身がやる気を持続させられることが重要です。

そのためには、テストの結果とは関係なく、がんばっていることを認めてあげましょう。ほめるのではなく、認めることが大切です。

ほめることは、成果をあげたことについて評価するということ。成果が出ていないのにとりあえずほめようとするおかあさんもいますが、本心ではないことを子どもは汲み取ってしまうので、やめたほうがいいでしょう。

認めるというのは、成果とは関係なく、よしとすることです。**がんばっていることを見つけて、「○○ちゃんは□□をいつもやってるのを、おかあさんは知っているよ」と伝えるだけでいい**のです。そのほうが、子どもの心に響きます。

5 気持ちは受けとめる、でも甘やかさない

親が言わなくても、子どもはテストの結果を意外と気にしています。

また、5~6年になると、ほかのともだちの進路や成績も気になりはじめ、気持ちが揺れることも多くなります。

思春期に入りはじめる時期でもあるので、さらに気持ちの揺れがあり、親に反抗的になる子もいるでしょう。

こんなときには、まず子どもの話を聞き、気持ちを受けとめてあげましょう。

ただし、甘やかすのは禁物です。親の対応次第で、わがままになってしまうこともありますので、気をつけましょう。

子どもが何か言ってきたら
「うんうん、そうなのね。よくがんばっているね」
と、子どもの精神的な拠り所となってあげてください。

ただ、やらなくてはいけないことはやらせるようにうながしましょう。

6 家庭学習の管理をする

家庭学習についてはどうでしょうか。一番いいのは、学校や塾にまかせきりにするのではなく、家庭学習でやらなければいけないテキストは何かを親が知っておくことです。ほかには週ごとのスケジュール、模試の日程とテスト範囲くらいは最低限把握してあげてほしいのです。

いくらしっかりしていても、まだ小学生です。どうしても日々の身のまわりのことや宿題に追われてしまいますから、全体的なことは親が管理してあげる必要があります。

いま子どもが、どんなテキストで勉強をしていて、何が不得意なのか、毎日やらなければならないことは何かということくらいは、親である私たちが把握しておくようにしましょう。

成績のいい子は、親とたくさん会話している

テストの結果しか興味がない家庭は成績が悪い

試験が続くようになると、テストの結果が気になってしまうご家庭が多いようです。ただ、親の関わり方次第で、子どもの成績はずいぶん変わってしまいます。

これまで５０００を超える家庭と関わってきましたが、**親がテストの点数しか気にしていなかったり、子どもにたくさん口出しをする家庭では、成績の伸びが悪くなっていく**傾向があります。

逆に、成績のいい子どもは、日頃から親とたくさん会話しているという特徴が

あります。たとえば、いま、世の中でどんなことが起こっているのかを親子でよく話していたり、子どもがいまどんなことを勉強しているのか、親がわかっていたりします。

加えて、さまざまな科目についてのおもしろいところや、どんなふうに解けばいいのかなどを、親が子どもに伝えている家庭も多くありました。

本当に子どもの成績がいい家庭は、机の前でガリガリと勉強しているだけでなく、親子でわいわい楽しそうに話しているのです。そんな親子の会話のなかで子どもの成績がグングン伸びていったら、いいですよね。

一方、成績の悪い子どもの家庭での会話は、

「勉強したの？」

「予習、復習したの？」

と、しなければいけないことの確認が会話の中心となり、成績表をもってきて、成績が悪いと叱るという内容になりがちです。

監視されると子どもはやる気をなくしていく

たとえば、陶芸をやってみたいと思って、陶芸教室へ行ったとします。そこで、先生から、

「まだできないの？」

「遅いね」

と言われたら…。

「よし、がんばるぞ！」

と挑戦し続けられる人は少ないのではないでしょうか。

これは子どもも同じです。**子どもがやる気を維持できるような上手な声かけをする**ようにしてくださいね。また、子どもが学んでいる内容のことを親が興味深く質問すると、子どもも自然にやる気になるので、まずはどんなものを学んでいるのかを知っておくといいですね。

「いま、どんなことが好きなの？」

「わからないことはある？」

「いま日本では○○なことが起こっているんだよ」

「源義経ってね、おもしろい戦い方をして…」

など、子ども自身の興味やがんばっていること、社会で起こっていること、知識について話しましょう。


試験の結果に目くじらを立てるより、**子どもの話を聞き、興味を示してあげるほうが、よほど学力はアップしやすい**のです。

子どもの成績がいい家庭の特徴

1. いま世の中でどんなことが起こっているのか、話している
2. 子どもがいまどんなことを勉強しているのか、親がわかっている
3. さまざまな科目のおもしろいところや、どんなふうに解けばいいのかを親が子に伝えている

テストは、子どもの現状を知るためのツールととらえる

どの分野につまずいているかを確認しよう

テストは、子どもの状態を知る健康診断のようなものです。現状を知って、この先の勉強にどう生かせばいいかを知るためのものだと考えましょう。

では、どこに注意して、テストの結果を見ればいいのでしょうか。

まず、**どの分野を覚えていないのか、理解できていないのかを知っておくといい**ですね。たとえば、算数の旅人算が理解できていない、社会の工業を覚えていない…など、すっぽりと抜け落ちている分野がないか確認しましょう。抜け落ちている場合は、はじめからもう一度復習します。

どんな問題につまずきやすいのかを確認しよう

「こういう傾向の問題になると、よく間違っている」ということがあります。たとえば算数の小数点の入った問題になるとよく間違えている、国語なら物語文の**気持ちを問われる問題が苦手**で点数が取れない…など。こんな場合、**間違えやすい傾向の問題だけを何度も復習するといい**ですね。

間違いのクセを見逃さない

これは性格のクセともいえますが、たとえば問題をきちんと読んでいなかったり、計算をうっかり間違ってしまうことがあります。

この性格のクセは、放っておいても直りません。ですから、**クセに応じて問題文の重要なところには線を引いたり、計算は単位をそろえて筆算を書かせる**といった習慣をつけさせて、何度も復習させましょう。まずは、親が子どものクセを知っておくといいですね。

Q&A

こんなときどうしたらいい？ IQがアップする勉強の仕方Q&A

Q　机に向かう時間を長くしたいんです

A　小刻みに取り組みましょう

はじめから一度に長時間学習させようとしても、すぐに飽きてしまいます。強制すると勉強することそのものを嫌がるようになってしまいますので、時間を小刻みに区切ってやらせるのがおすすめです。

たとえば、

「プリントを3枚解いたら5分休憩」

などと決めます。

休憩ばかりとらないためには、

「今日はプリント15枚に挑戦するから、4回休憩ができるね」

と言っておきましょう。

プリントを3枚解くたびに、シールと交換して休憩できるようにすると、子どももゴールが見えやすくなるため、最後までおわらせることができます。

「プリントが3枚できたら、シール1枚と交換ね。できたプリントをもってきてね」

などと声かけをしましょう。ごほうびのシールは、子どもなら誰でも喜びます。

長時間学習できない子には、無理に長い時間集中させようとせず、小刻み学習をさせたほうが効果的です。

Q 頭に入りやすい勉強の順番ってあるんですか？

A 単純な問題↓考える問題の順に取り組むのが効果的です

漢字もあるし、文章問題もあるし、覚えなければいけないものもある…。そんなとき、どれからやろうかなと迷ってしまうことはありませんか？

よくおかあさんたちが口にするのは、

「うちの子は集中力がないから、難しいものを先にやらせてから簡単なものをやらせているんです」

ということです。

頭が働かない状態のときに、**難しいものをいきなりやらせようとしても、効率が悪くなります。**ひどいときには思考がかたまってしまうことも…。

一番いいのは、単純な勉強からはじめることです。

あまり考えなくても、作業すればおわるような勉強のことです。

たとえば、算数の文章問題と計算ドリルがあるなら、計算ドリルが先です。

ただし、**計算ドリルは10分だけ**にして、おわらなかった分は、朝や夜寝る前にもっていきましょう。


頭の準備運動としてドリルをこなせばいいので、ここで疲れてしまうような量はさせないことが大切です。そのあと、**頭の準備ができたら文章問題などの「考える」問題に入っていきます。**


こんな工夫をすると、無理なく学習量を増やすことができます。

大人でも「仕事ができない」と嘆いている人は、気持ちが乗らないような取り組み方をしてしまっていることが多いのです。

子どもの頃から、気持ちが乗りやすい勉強の仕方を習慣化できるといいですね。

Q 朝の勉強時には、どんなことをすればいいですか？

A ドリル系や暗記が必要なものに取り組むのが効果的

朝は、ドリル系の単純な問題や、知識を暗記するのが効果的です。

たとえば、知識を暗記したいとき、**覚えたいことを音声でとったものを、朝の寝ぼけている時間に再生して聞かせるだけでも十分**です。

以前、英語のテープを毎朝起床30分前からかけ続けていたおかあさんがいました。その子は、1年後にホームステイでアメリカへ行ったのですが、

「ホームステイ先の家族の会話がなんとなくわかったんだ」

と喜んで帰ってきたそうです。

一方、一緒に渡米したともだちは、英語塾に通っていてその子どもより英語の

成績はよかったらしいのですが、留学先で「よく聞き取れない」とこぼしていたとのこと。音声を聞くことの効果が垣間見えた出来事でした。

音声で録音したことを聞くと、自然と予習できていることにもなるので、授業もわかりやすくなるという話も多く聞きます。最近テキストとCDがセットになったものが販売されていますので、それらを使うといいでしょう。

ほかには、朝に適しているのは単純な学習です。

たとえば、**音読。声に出して読むので、脳や身体の眠気覚ましにもいいですね。計算、漢字ドリルなども、朝の学習に適しています。**

朝は時間もないので、10分以内でおわるものを選んであげましょう。

複雑な問題を解こうとしてしまうと、

「まだおわらないの?」

と、余計なことまで言うことになって、1日の出発が台無しになってしまうので、要注意です。

Q　学校から帰ってきたら、どんな勉強をするといいんですか？

A　とにかく宿題をこなしましょう

帰宅して、ひと息ついたらやらせたいことは学校の宿題です。**まずは宿題をおわらせてから遊ぶという習慣をつけるのがベスト。**ともだちと遊ぶ約束をした日は、帰宅後すぐに学校の宿題をおわらせたほうがいいですね。

「宿題がおわってから夕食」

というように、生活のリズムをつくれたら、ぐんと伸びやすくなります。

また、宿題以外の問題集も、少しでいいので、やらせるようにしましょう。

夕食後はどうしても休憩したくなるものなので、お風呂や家族でのリラックスタイムにしてあげるといいですね。

おかあさんと過ごしながら勉強させるには、おかあさんがリビングのテーブルで夕食の下準備をしているとなりで勉強させるのがいいでしょう。

おすすめ図書一覧

ホップ期（6～8歳）おすすめ図書一覧

考える力を育てる ちいさなことわざ絵本
東京書店／編集
東京書店　1200円
短い言葉に込められた先人たちの知恵と経験を学べて、発見がいっぱいのことわざ162選。一つひとつの量がコンパクトで、読みやすい。

ココロを育てる ちいさなことわざ絵本
東京書店／編集
東京書店　1200円
友だちやまわりの人たちとのつき合い方、家族の絆について教えてくれる、心を豊かにすることわざ134選。

1日10分でちずをおぼえる絵本（コドモエ[kodomoe]のえほん）
あきやま かぜさぶろう／著
白泉社　1800円
楽しいイラストを見ながら1日10分取り組むだけで、日本の47都道府県を記憶できる新しい日本地図絵本。都道府県が形で頭に入り、いつの間にか土地ごとの特長まで覚えられる。

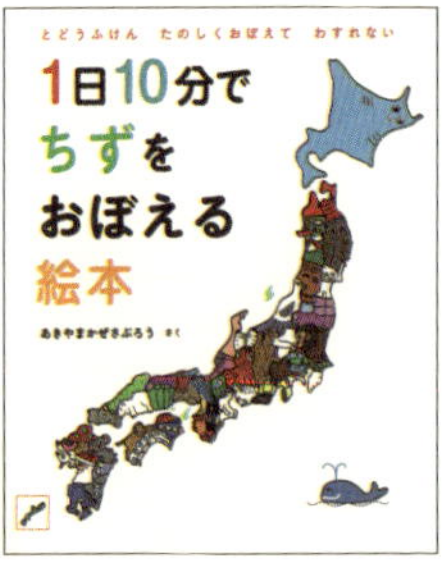

1日10分でちずをおぼえる絵本（おふろポスター&シールブック）
あきやま かぜさぶろう／著
白泉社　1200円
シールを貼っていくうちに、どんどん覚えられるおすすめの本。

※本書に掲載されている価格は、すべて本体価格（税別）です。
※一部入手困難な本があります。

地図絵本 日本の食べもの

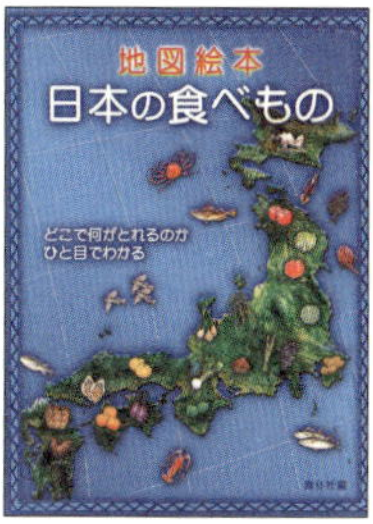

素朴社／編集

素朴社　2000 円

自分の住んでいる地方は、どんな農産物や魚介類がとれるのだろう？　日本でとれる食べものを都道府県別・種類別にまとめ、食べもの地図にしてある。受験で問われるデータが楽しく読める 1 冊。

昆虫たちの変態
—成長のたびに姿を変えるのは何のため？
（子供の科学サイエンスブックス）

海野 和男／著

誠文堂新光社　2200 円

さまざまな昆虫の成長の様子を、豊富な写真で紹介。昆虫の変態は子どもにとって不思議な世界でもあり、試験にもよく出るテーマ。低学年の子どもにもわかりやすく興味のわく内容で、サイエンスの目を自然に養える。

おどろきのクモの世界—網をはる花にひそむ空をとぶ
（子供の科学サイエンスブックス）

新海 栄一 ／著 , 新海 明 ／著

誠文堂新光社　2200 円

クモの生活に光を当てて、さまざまな環境で生活しているクモたちの興味深い世界を紹介。不思議な生態に驚くエピソードが満載。低学年の子どもが喜ぶ写真も豊富で、わくわくしながら、サイエンスの目を養える。

海の擬態生物—海中生物の美しく不思議な変身術
（子供の科学サイエンスブックス）

伊藤 勝敏／写真・文 , 海野 和男／監修

誠文堂新光社　2200 円

珊瑚礁に擬態するコブシメ、砂地に隠れるヒラメ、形を変えるタコ、威嚇するミモカサゴなど、海の擬態生物を豊富な写真で紹介。子どもが喜ぶ「生きものの不思議」が詰まっている。低学年の子どもにもわかりやすい解説で、サイエンスの目を養える。

星座と星座神話―星空観察がグッと楽しくなる
（子供の科学サイエンスブックス）

沼澤 茂美／著，脇屋 奈々代／著
誠文堂新光社　2200 円

四季の星座が季節ごとにピックアップされており、夜空を見ながら、星を探すことができる。12 星座以外の珍しい星座も紹介されていて、低学年の子どもでも楽しみながらサイエンスの目を養える。

集中力 & 持続力が高まる！
アインシュタイン式子供の論理脳ドリル

アインシュタイン研究会 ／編集
東邦出版　952 円

「論理パズル」や「推理パズル」を使って、論理思考を育てられる。5 歳くらいからできるように、やさしい内容から紹介。

漢字の本 小学 1 年生
（下村式 となえておぼえる 漢字の本 新版）
漢字の本 小学 2 年生
（下村式 となえておぼえる 漢字の本 新版）

下村 昇／著，まつい のりこ／イラスト
偕成社　各 700 円

それぞれの漢字がどうやってできたのか、「なりたち」から学年別に解説している。漢字を覚えるのに最適。書き順も、口で唱えながら覚えられる「口唱法」で紹介されているため、漢字が苦手な子も、楽しく取り組める。

おりがみで学ぶ図形パズル

山口 榮一／著

ディスカヴァー・トゥエンティワン　1000円

おりがみを使ったさまざまな図形パズルを50題厳選。おりがみを使うことで、子どもにとってイメージしにくかった計算が、簡単に理解できるようになる。

天才ドリル 立体図形が得意になる点描写

認知工学／編

ディスカヴァー・トゥエンティワン　1000円

格子状の点と点を結んで、手本どおりに図を描かせる。続けてやっていくと、平面で立体図形をイメージできるようになる。苦手な子でも取り組みやすく、算数の図形にぐんと強くなる。

おもしろ理科こばなし 1 ものの世界 55 話
（理科がとくいになる本）

宮内 主斗／編著

星の環会　1200円

「肌はどうして弱酸性なの？」「本当の物のリサイクルとは？」など、生活に根づいたものの世界が楽しくわかる55の短編読み物。それぞれの話が短いため、飽きずに読める。親子での対話のネタにも◎。

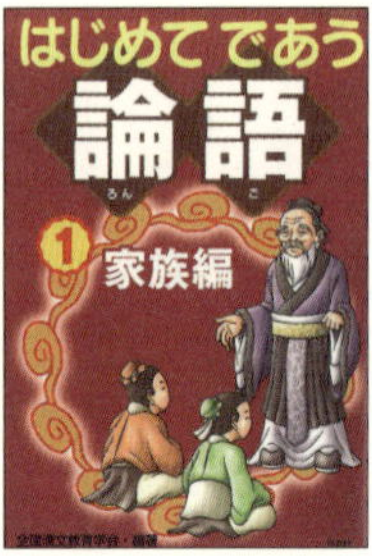

●はじめてであう論語１　家族編

●はじめてであう論語２　友だち編

●はじめてであう論語３　学問編

全国漢文教育学会／著

汐文社　各 1500 円

人生の指針のひとつになる論語。つい難しいと感じてしまう論語を、子どもにも読みやすくまとめられた１冊。

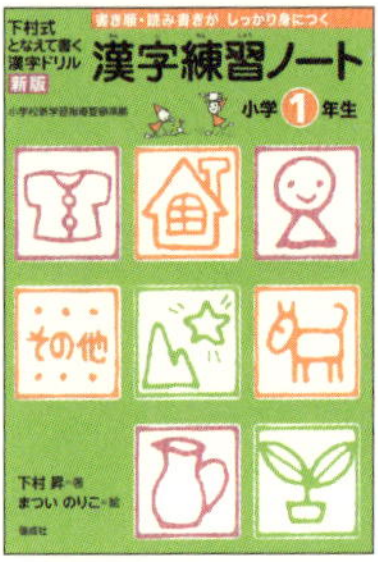

●漢字練習ノート 小学１年生

（下村式 となえて書く 漢字ドリル 新版）

●漢字練習ノート 小学２年生

（下村式 となえて書く 漢字ドリル 新版）

下村 昇／著 , まつい のりこ ／イラスト

偕成社　各 500 円

『漢字の本 小学１年生・小学２年生』の各ドリル版。セットで使うと漢字が身につきやすくなる。書くのが苦手な子なら、読むだけでも OK。

4年生までに身につけたい 言葉力1100

アクセス／監修, 学習研究社 ／編集, 学研 ／編集

学研　1800円

小学校4年生ごろまでに身につけておきたい言葉1100語を選定。文章読解の基礎となる「言葉の力」が身につくワーク。

ことばあそび1年生・2年生

伊藤 英治／編集, 村上 康成(1年生)・長野ヒデ子(2年生) ／イラスト

理論社　各1200円

詩の楽しさを味わえる1冊。低学年のうちに言葉のセンスを磨いていくと、文章の読解力が深くなる。本書は、読むだけでわくわくして、思わず自分でも詩を作りたくなる良書。

まんがで読む古事記 第1巻〜第6巻

久松 文雄／著

青林堂　各933円

日本最古の歴史書「古事記」は一度は読んでおきたいもの。まんがで楽しく読めるのもおすすめ。

どくしょのじかんによむ本　小学1年生

どくしょのじかんによむ本　小学2年生

西本 鶏介／編著

ポプラ社　各700円

学年ごとで読みやすい物語が入っている短編集。10分ほどで読めるので、朝や寝る前に読書の習慣をつけるのにおすすめ。

学習漫画 日本の伝記 全18巻セット

永原 慶二／監修, 古城 武司／イラスト, かたおか 徹治／イラスト, 久松 文雄／イラスト, すが ともこ／イラスト, 千明 初美／イラスト, 荘司 としお／イラスト, 貝塚 ひろし ／イラスト, リッキー 谷内 ／イラスト

集英社　14040円

武将や政治家、芸術家や仏教に名を残した人物まで、日本をリードした18人を、ひとり1巻ずつクローズアップ。高学年で通史を学んだときの理解を助けてくれる。

りかやさんすうがすきになる1ねんせいのよみもの

亀村 五郎／編集 , 和田 常雄／編集 , 守屋 義彦／編集 , 江川 多喜雄／編集 , 鷹取 健 ／編集
学校図書　848 円

「どうぶつのあかちゃん」「うんことおしっこ」「ウミガメのたび」「ぞうさんのはな」等、11 話を収録。動植物に親しめる内容、工作遊びの楽しみ方、環境問題を考える内容が詰まった読み物集。身近なもので科学の目を養っていく。

理科や算数がすきになる2年生の読みもの

亀村 五郎／編集 , 和田 常雄／編集 , 守屋 義彦／編集 , 江川 多喜雄／編集 , 鷹取 健 ／編集
学校図書　848 円

「みんなの空気」「シャボン玉」「動物の体の色ともよう」「ニホンザルのくらし」等、11 話を収録。身近なものを題材にして、科学の目を養う。

役立つ理科こばなし　①ものの世界の探検

玉井 裕和 ／編著 , 宮内 主斗／編著
星の環会　1200 円

「お化けってなんだろう ?」「酸とアルカリってどう違うの ?」など、ものの世界が楽しくわかる 16 の読み物集。それぞれの話が短いため、飽きずに読める。親子での対話のネタにも◎。

たのしい理科こばなし　①生きものとかんきょう

宮内 主斗／編著
星の環会　1200 円

科学のなぞときを 10 分くらいで楽しく読める 40 の短編読み物。それぞれの話が短いため、飽きずに読み終えられる。親子での対話のネタにも◎。

たのしい理科こばなし　②宇宙ともの

宮内 主斗／編著
星の環会　1200 円

「地球はどうやってまわっているの ?」といった宇宙についての小話が 40 ある短編読み物。それぞれ 10 分程度で読めて、親子での対話のネタにもおすすめ。

小学生のための思考力育成パズル問題 パズもん グレード1～6

高濱 正伸／監修

正進社　32回(A)各389円・64回(A＋B)各778円

中学入試でも必要不可欠な論理性、精読力などの思考力や、数量や図形に対する数理的センスが鍛えられる。パズルを解きながら、1日1枚くらいのペースで進められる。

算数パズル道場 トレーニングⅠ 年長～小学1・2年

山下 善徳／著　700円

増進堂受験研究社

算数のセンス育成に不可欠な「論理的思考力」と「空間把握能力」が身につく。教具も別売りで販売。できないときは手を使って、教具で遊びながら解ける。

算数パズル道場 トレーニングⅡ 小学2年～4年

山下 善徳／著　700円

増進堂受験研究社

『パズル道場Ⅰ』より難易度が高い内容。算数のセンス育成に不可欠な「論理的思考力」と「空間把握能力」が身につく。教具も別売りで販売。

読んでいて
楽しい本がいいね

ステップ期（9～10歳）おすすめ図書一覧

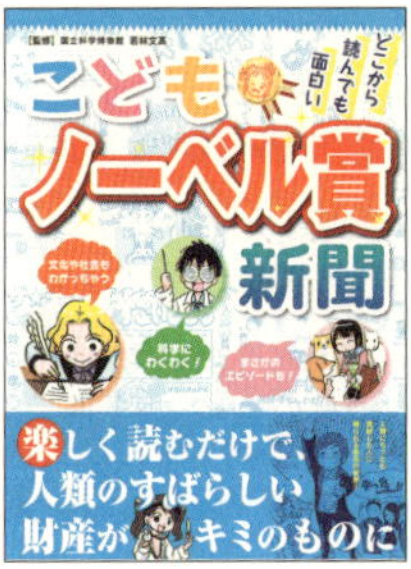

こどもノーベル賞新聞

若林 文高／監修

世界文化社　1300円

著名な受賞者と功績を、新聞形式でわかりやすく紹介。偉人たちが成し遂げた業績を知ることで、大きな志をもつ大人に育つ!?

完全版 こども歴史新聞（日本の歴史 旧石器時代～現代）（どこから読んでも役に立つ）

左近 蘭子／著 , 小林 隆／監修

世界文化社　2000円

旧石器時代から平成までの日本の歴史を、新聞のような形で楽しく表現。イラストや写真、漫画を使っているので、ラクに読める。

超ビジュアル！ 日本の歴史人物大事典

矢部 健太郎／監修

西東社　1500円

イラストに迫力があり、飽きずに眺めていられるビジュアル事典。子どもたちに人気で、資料集が苦手な子どもにもおすすめ。

考える力が身につく！ 好きになる 算数なるほど大図鑑

桜井 進／監修

ナツメ社　2800円

図解解説がたっぷりで、理解しやすい。小学6年間で習う算数の考え方がわかる。

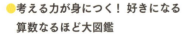

子どもにウケる科学手品 77
—簡単にできてインパクトが凄い

後藤 道夫／著

講談社　820 円

キッチンや台所にあるものを使ってできる科学手品を紹介。親子で楽しみながら科学への興味、関心が育つ。

10才までにやってみよう
かんたんワクワク理科あそび

山村 紳一郎／著 , 監修

小学館　1500 円

ペットボトル・空き缶・ストローなど、家庭にある材料を使って、親子で理科実験あそびが可能に。おもしろくて不思議な現象を体験できる。

10才までに知っておきたい
日本まるごとガイドブック

池上 彰／監修

小学館　1500 円

「日本ってどんな国？」「日本人はどうしてお米を食べるの？」「TPP ってなに？」「原子力発電所って必要なの？」など、身近な話題から新聞やニュースで扱われる話題までを楽しく解説。1 冊で、日本のことがよくわかる。

10才までに知っておきたい
世の中まるごとガイドブック基礎編

池上 彰／監修

小学館　1500 円

小学生が疑問に思う 49 の項目を、「お金」「社会」「政治」「世界」のテーマに分けて、イラストや図解でわかりやすく解説。社会に興味のある子どもに育つきっかけになる 1 冊。

10才までに身につけたい算数センス
楽しみながら思考力を伸ばす！ 図形編

朝倉 仁／著
小学館　1500 円

たとえば円の面積＝半径×半径× 3.14 の数式で、「なぜ 3.14 を掛けるのか？」という理由がわかる解説が載っている。基礎の図形についての「なんで？」がわかると、子どもが図形問題を解きやすくなる。ステップの時期は「考える」ことが大切な時期。「なんで？」の答えを知ることは算数が伸びる一助に。大人も一緒に読めて、図形が苦手な子におすすめ。

10才までに身につけたい算数センス 楽しみながら思考力を伸ばす！
数と計算のくふう編

朝倉 仁 ／著
小学館　1500 円

苦手で面倒な計算でも、発想の転換をすると簡単に。解きやすくなるための目のつけどころのコツを教えてくれる 1 冊。

切りがみで学ぶ 図形パズル

山口 榮一／著
ディスカヴァー・トゥエンティワン　1000 円

「おりがみを 4 分の 1 に折って、さらに半分に切って開くと、どんな図形になる？」という基礎的な問題から、中学入試レベルまで、図形のセンスが身につく 1 冊。折って、切って、想像しながら取り組んでみるのがおすすめ。

中学入試計算名人免許皆伝
―計算問題が速く確実に解けるようになる本

石井 俊全／著
東京出版　1300 円

覚えておくといい基本的な計算がたくさん紹介されている 1 冊。解いているうちに、難しい問題も解けるようになる。

●小学４年生までに身につけたい 平面の図形センス

文英堂編集部／編集

文英堂　950円

図形問題は、難しい形をちょっとした発想で、四角や三角、丸などに分けられると思いのほか簡単に解けるもの。その分け方のコツを教えてくれる本。学校のテストにも中学入試にも出題される図形のセンスが身につく。

●小学４年生までに身につけたい 立体の図形センス

文英堂編集部／編集

文英堂　950円

立体図形は、正面から見えない部分が想像できると解けるようになる。『小学４年生までに身につけたい 平面の図形センス』のあとにこちらをやると、より理解できる。中学入試に出てくるような図形問題のセンスが養える。

●小学４年生までに覚えたい 世界の国々

西川 秀智／著

文英堂　950円

なぞり書きや色塗り作業をしながら、世界の地理を覚えられる。世界地理の分野は中学入試でも出題されるため、この頃から楽しく覚えていけると◎。

●秘伝の算数―算数の世界を楽しく極める 入門編（4・5年生用）

後藤 卓也／著

東京出版　1619円

算数が得意な子どもにおすすめの１冊。裏技の解き方などが読み物として載っている。しっかり身につければ中学入試の基礎固めに。

● 理科の目で見るしぜんのふしぎ（進学レーダー Books）
和田 武久／著
みくに出版　1300 円
身のまわりの自然を、わかりやすく理科の目で解説。不思議なことが解明されていくおもしろさを味わえる。少し長めの文章を読む練習としてもおすすめ。

● ことばあそび３年生
伊藤 英治／編集 , 大塚 いちお／イラスト
理論社　1200 円
詩の楽しさを味わえて、思わず自分でも詩を作りたくなる 1 冊。1、2 年生向けのものに比べて、長い詩や難しい言葉が登場。

● ことばあそび４年生
伊藤 英治／編集 , 高畠 純 ／イラスト
理論社　1200 円
本書を通して詩を作る力を磨くことで、言葉のセンスも磨かれる。品のいいユーモア、豊かな語彙力が身につくと、文章力だけでなく、会話力もアップできる。

● ちびまる子ちゃんの四字熟語教室
さくら ももこ／キャラクター原作 , 川嶋 優／著
集英社　760 円
これだけは知っておきたい四字熟語 220 を収録。「こんなときに使う」という解説をちびまる子ちゃんが教えてくれる。楽しく覚えたい人におすすめ。

● ちびまる子ちゃんの慣用句教室
さくら ももこ／キャラクター原作 , 川嶋 優／著
集英社　850 円
これだけは知っておきたい 188 の慣用句を収録。ちびまる子ちゃんの 4 コマまんがや語源解説が充実している。

● 出口汪の新日本語トレーニング 基礎国語力編（上・下）
● 出口汪の新日本語トレーニング 基礎読解力編（上・下）
出口 汪 ／著
小学館　各 1000 円
「対話」式練習法で、一文を正しく理解する基礎的国語力が楽しく身につく。苦手な長文読解もできるように少しずつステップアップしていくため、いつの間にか力がついている。

読書の時間によむ本 小学３年生
西本 鶏介／編集
ポプラ社　700 円
学年ごとに読みやすい物語が入っている短編集。10 分くらいで読めるため、朝や寝る前に読んで読書の習慣をつけるのに◎。

読書の時間によむ本 小学４年生
西本 鶏介／編集
ポプラ社　700 円
小学１、２年生向けのものに比べて、登場人物たちの複雑な心情が表現されていたり、文章量が多い。このシリーズは、４年生ぐらいまでにしっかり使っておくのがおすすめ。

漢字の本 小学３年生（下村式 となえておぼえる 漢字の本 新版）
下村 昇 ／著 , まつい のりこ ／イラスト
偕成社　700 円
それぞれの漢字がどうやってできたのかを「なりたち」から学年別に解説しているため覚えやすいのが特徴。書き順も、口で唱えながら覚えられる「口唱法」で説明されている。

漢字練習ノート 小学３年生（下村式 となえて書く 漢字ドリル 新版）
下村 昇／著 , まつい のりこ／イラスト
偕成社　500 円
『漢字の本 小学３年生』のドリル版。

漢字の本 小学４年生（下村式 となえておぼえる 漢字の本 新版）
下村 昇 ／著 , まつい のりこ ／イラスト
偕成社　700 円
このシリーズは、４年生までに使いこなせるようになっているのが◎。

漢字練習ノート 小学４年生（下村式 となえて書く 漢字ドリル 新版）
下村 昇 ／著 , まつい のりこ／イラスト
偕成社　600 円
『漢字の本 小学４年生』のドリル版。

声に出して読みたい 小中学生にもわかる日本国憲法

齋藤 孝／著，ヨシタケ シンスケ／イラスト

岩崎書店　1100円

日本国憲法をイラストやお話で子どもにもわかりやすく解説。中学入試にも頻出する日本国憲法は、この時期から触れておくのがおすすめ（中学入試では、日本国憲法を丸暗記することが求められる）。

考える力がつく子ども地図帳〈日本〉

深谷 圭助／監修

草思社　1800円

地図から現実の地形をイメージする力を鍛えられる本。付録の都道府県カルタで、都道府県をスイスイ覚えられる。

Z会グレードアップ問題集 小学3年 算数 計算・図形

Z会指導部／編さん

Z会　800円

中学受験も視野に入れた、少し難易度の高い問題集。パズルの要素も取り入れた問題で、算数の力が身につく。

目で見る理科資料集（小学校低学年用）

日能研ブックス

みくに出版　2234円

小学校低学年生を対象としたオールカラーの資料集。「見つけて」「比べて」「考える」という理科的発想を、低学年のうちから身につけられる。低学年のうちから資料集を見るクセをつけるのにも最適。

理科や算数がすきになる3年生の読みもの

亀村 五郎／編集，和田 常雄／編集，守屋 義彦／編集，江川 多喜雄／編集，鷹取 健／編集

学校図書　848円

「ひらけていく海」「虫歯くんには負けないよ」「コスモスと虫たち」「地図あそび」等、科学に関する身近なテーマの13話を収録。知っておくと楽しくなる理科の雑学の話が盛りだくさん。

理科や算数が好きになる4年生の読みもの
亀村 五郎／編集 , 和田 常雄 ／編集 , 守屋 義彦／編集 , 江川 多喜雄／編集 , 鷹取 健／編集
学校図書　848 円

「金属さがし」「呼吸のしくみ」「物の温度をはかろう」「川の水はどこから」等、13 話を収録。身近なものを題材にして、科学の目を養える。

新しい教養のための理科 基礎編（小学理科か・ん・ぺ・き教科書）
啓明舎 ／編集
誠文堂新光社　2000 円

カラー写真も多く、印象に残りやすい写真やイラスト満載で、中学受験まで使用可能。生命の世界、地球と宇宙、身のまわりの科学のジャンルに分けて紹介。中学入試用の補助教材としておすすめ。

算数パズル道場 トレーニングⅢ 小4年〜6年 / 入試
山下 善徳／著
増進堂受験研究社　700 円

『パズル道場 II』より難易度が高い内容。算数のセンス育成に不可欠な「論理的思考力」と「空間把握能力」が身につく。教具も別売りで販売。手を使って教具で遊びながら解ける。

天才ドリル 立体図形が得意になる点描写【神童レベル】
認知工学／編
ディスカヴァー・トゥエンティワン　1000 円

『天才ドリル 立体図形が得意になる点描写』（213 ページ）より、難易度が高い内容。立体や展開図を頭でイメージするのが不得意な子も、中学入試レベルの問題にチャレンジできるようになる。

【中学入試】言葉力 1200―文章が読める！ わかる！ 書ける！
学習研究社／著 , 中学受験専門塾アクセス教育情報室／編集
学研　2000 円

語彙が不足していると、文章読解や記述が苦手になってしまう。この本では、国語の文章を読むために必要な語彙を多数収録。難しい語彙を定着させるには最適。

ジャンプ期（11～12歳）おすすめ図書一覧

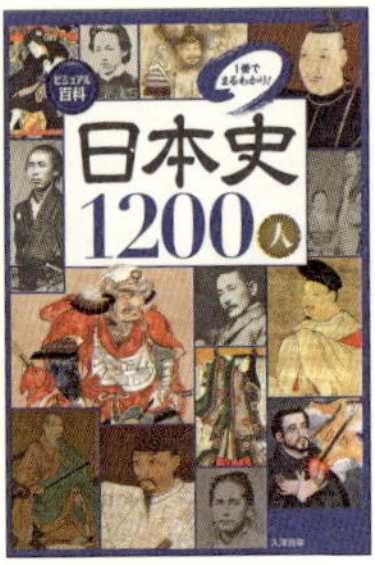

●ビジュアル百科 日本史1200人1冊でまるわかり！

入澤 宣幸／著

西東社　1900円

中学以降の勉強でも知っておきたい歴史上の重要人物をコンパクトに紹介。歴史上の人物のことがわかると、通史もより覚えやすい。歴史好きな子どもにおすすめ。

●入試に出る地図 歴史編―覚えるのはココ！（Z会中学受験シリーズ）

Z会指導部編／著

Z会　1200円

重要な歴史の出来事をピックアップし、どこで起こったのか、その出来事に出てくる重要用語、登場する人名、地図までを結びつけて紹介。内容がまとまっていて、すっと覚えられる。中学入試で地名を聞かれることもあるため、入試前に見ておくのも◎。

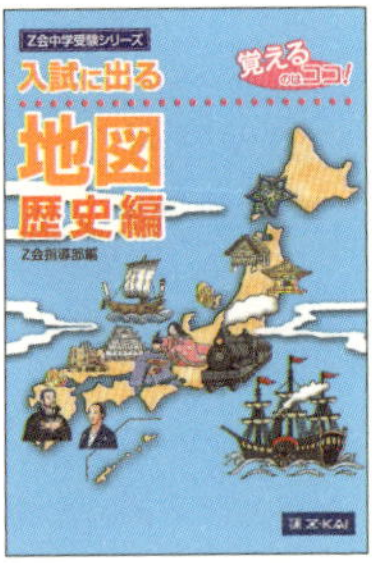

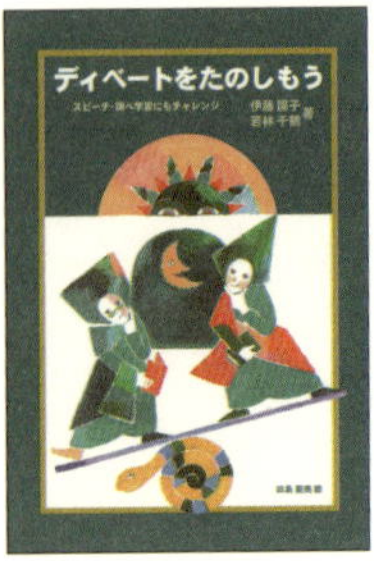

●ディベートをたのしもう―スピーチ・調べ学習にもチャレンジ

伊藤 園子／著，若林 千鶴／著，田島 董美／イラスト

さ・え・ら書房　1330円

本書ははじめての小・中学生向けディベートの本。近年は、ひとりよがりな理屈ではなく、自分の意見が言えて人の意見が聞けることが、子どものうちからますます求められてきている。話し合いの技術を高め、ディベートの考え方を知るにはおすすめ。

中学入試完全攻略 入試に出る植物完全攻略
別冊入試過去問集・ポスターつき

学研教育出版／編集
学研　1000 円

中学入試によく出る植物を掲載。優先して覚えたほうがいいものがわかり、入試直前にひと通り目を通すのに最適。

中学入試完全攻略 入試に出る動物完全攻略
別冊入試過去問集・ポスターつき

学研教育出版／編集
学研　1000 円

中学入試によく出る動物を掲載。

歴史上巻・下巻 改訂版
（中学入試まんが攻略 BON !）

学研教育出版／編集
学研　各 1000 円

歴史が苦手な子どもにおすすめ。上下巻の 2 冊にまとまっていて、まんがなので読みやすい。勉強の気分転換のときの読み物としても◎。

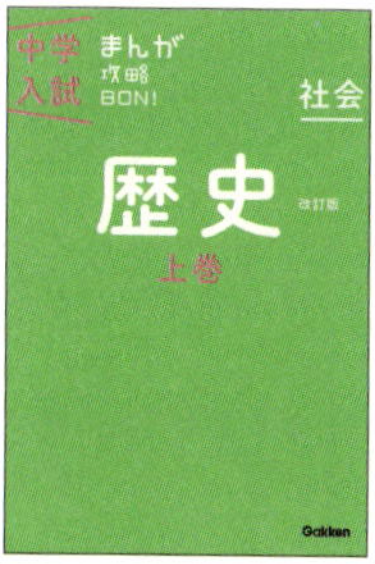

地理上巻・下巻 改訂版
（中学入試まんが攻略 BON !）

学研教育出版／編集
学研　各 1000 円

地理版。地理が苦手な子どもにおすすめ。

1 行読んで書いておぼえる四字熟語
―中学入試によく出る熟語を楽しく脳にインプット！

藁谷 久三 ／監修
梧桐書院　1300 円

四字熟語を身につけたい子におすすめ。四字熟語を構成する四つの漢字をちりばめた 1 行文を、声に出して読みながら書ける本。四字熟語と四つの漢字が完全にマスターできる。

● **円の転がりの攻略**

村上綾一／著，監修

学研　1400 円

とくに間違えやすい、図形が転がるときの軌跡を、教具を使いながら頭のなかでイメージできるようになる。

● **立方体の切断の攻略**

村上 綾一／著，監修

学研　1400 円

図形問題が苦手な子どもは多い。そのなかでもとくに間違えやすい立方体の切断を、教具を使っているうちに頭のなかでイメージできるようになる。

● **回転体の攻略**

村上 綾一／著，監修

学研　1500 円

とくに間違えやすい回転体を、教具を使っているうちに頭のなかでイメージできるようになる。

● **図形の回転移動の攻略**

村上 綾一／著，編集

学研　1500 円

とくに間違えやすい回転移動を、教具を使っているうちに頭のなかでイメージできるようになる。

● **中学入試完全攻略**

中学入試に出る理科の作図・記述問題完全攻略

学研教育出版／編さん

学研　1100 円

「昆虫のからだのつくりの作図」「電流の回路図」など作図する問題の書き方を丁寧に解説。記述より作図の練習におすすめ。

●名探偵コナン KODOMO 時事ワード

読売 KODOMO 新聞編集室／編集

小学館　920 円

押さえておきたい時事ワードを、コナンが解説。新バージョンが刊行されるタイミングで、一番新しい本を購入するのがおすすめ。

●中学入試 塾技 100 理科

森 圭示 ／著

文英堂　2000 円

『中学入試 塾技 100 算数 新装版』（232 ページ）の理科版。こちらも理科が得意な子におすすめ。

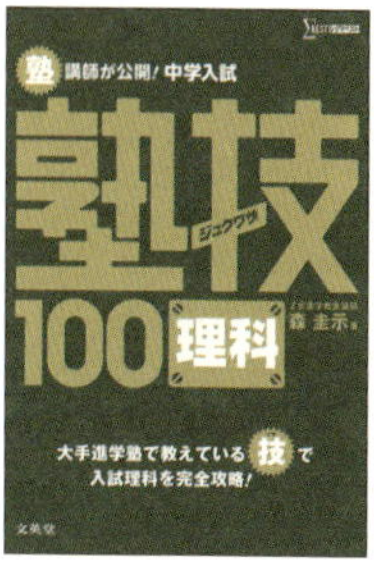

●社会科の記述問題の書き方

10 字から 200 字記述まで 解答までの手順がわかる

日能研教務部／企画・原案 , 編集

みくに出版　800 円

「比較して書く」「理由や原因を説明する」など、問題によって答えの書き方は異なるもの。本書は、さまざまな記述問題の書き方がわかる本。

●新しい教養のための理科 応用編（応用編Ⅰ）（応用編Ⅱ）
啓明舎／編
誠文堂新光社　各 2000 円

生物、地学分野について、写真や図をふんだんに使用。読みやすく、わかりやすい本。学校や塾の教材だけでは理解しにくいところの補足解説に役立つ。参考書としてそろえておくと◎。

応用編Ⅱでは、物理、化学分野について解説。

●秘伝の算数 応用編（5・6 年生用）
後藤 卓也 ／著
東京出版　1619 円

『秘伝の算数　入門編』よりもより高度な内容。入門編を読んだあとに読むのがおすすめ。理解したほうがいい重要問題の手順の考え方などがわかる。

中学入試 カードで鍛える図形の必勝手筋
動く図形・立体図形編

中学入試 カードで鍛える図形の必勝手筋
平面図形編

東京出版編集部／編さん
東京出版　各 2200 円

中学入試に必要な算数の立体図形、平面図形の基本的な解き方がわかりやすく例題ごとにまとめてある。間違えた問題はカードを持ち歩き、繰り返し見ていると、自然と身につけることができる。

中学受験用 入試によく出る歴史人物 60 人
改訂新版：たのしく読んで、歴史につよくなる！

日能研教務部／著
みくに出版　1600 円

ひとりの人物を２ページずつ、やさしい文章で解説。中学入試によく出る人物に絞っているため、学習のまとめとして復習するのに◎。

●国語授業の実況中継―中学入試（上・下）
和田 吉弘／著
語学春秋社　1900円(上)・1500円(下)

文章中の重要ポイントの読み取り方や、設問の解き方のコツがわかる1冊。何度か読むことで、国語の読解力が身につく。

●中学入試社会授業の実況中継 1 日本の国土と産業
佐藤 清助／著
語学春秋社　1900円

「この地方の人々はなぜこのような生活をしているのか」「なぜこのような産業が発達しているのか」など、ベテラン講師が語り口調で、物事の背景を説明しているためわかりやすく、知識も頭に入りやすい。

●中学入試社会授業の実況中継 2 わたしたちの生活と政治
佐藤 清助／著
語学春秋社　1900円

子どもには苦手な政治の分野。政治がどのように生活に結びついているのかを、ベテランの講師が語り口調で、背景から説明している本。わかりやすく、知識も覚えやすい。

●中学入試社会授業の実況中継 3 日本の歴史（原始～安土・桃山時代）
佐藤 清助／著
語学春秋社　1900円

旧石器時代から安土・桃山時代までを、歴史的背景も含めて、授業を聞いているかのような語り口調で解説されている。知識を覚えるのにも役立つ本。

●中学入試社会授業の実況中継 4 日本の歴史（江戸～平成時代）
佐藤 清助／著
語学春秋社　1900円

江戸時代から現代までを歴史的背景も含めて、語り口調で解説されている。

●中学入試 塾技100 算数 新装版
森 圭示 ／著
文英堂　1900円

各単元ごとに、2ページでまとめられている参考書。中学入試からの類題が右ページにあり、左ページには、解き方がわかりやすくまとめられている。問題を解いてみてわからなければ、すぐに左ページの解説を見て確認。問題の難易度が高いため、算数が得意な子におすすめ。

面積のひみつ　考え方の練習帳
瀬山 士郎 ／著
さ・え・ら書房　1200円
複雑な図形でも、補助線を入れるとシンプルな形に。本書ではその方法が紹介されており、実践していくと、面積の問題が得意になる。算数の苦手な子どもでも、考えるとわかる楽しさが身につく1冊。

計算のひみつ　考え方の練習帳
瀬山 士郎 ／著
さ・え・ら書房　1200円
三角数、四角数、ぐるぐる数、偶数と奇数…など「どうしてそうなるのか」という基本的な考え方をわかりやすく紹介。こちらも、算数の苦手な子どもにおすすめ。

年表トレーニング帳　歴史
SAPIX ／著
代々木ライブラリー　1000円
学んだ歴史を整理させるのに役立つ。時代別やテーマ史別などに分かれていて、目的に合わせて復習できる。

サピックスメソッド社会コアプラス―中学入試小5・6年生対象
進学教室サピックス小学部／著
代々木ライブラリー　1429円
覚えたつもりになっている社会の「知識」の復習ができる。わからないことを何度でも復習することで、知識が定着しやすくなる。

サピックスメソッド理科コアプラス―中学入試小5・6年生対象
進学教室サピックス小学部／著
代々木ライブラリー　1429円
覚えたつもりの理科の「知識」の復習ができる。

出口汪の新日本語トレーニング 実践読解力編（上・下）
出口 汪／著
小学館　各1000円
「基礎国語力編」「基礎読解力編」の続編。男の子と女の子の会話のなかで、大切なポイントが解説されており、読み進めていけば設問が解けるようになっている。とても読みやすい。出口さんの著書のなかで1冊を選ぶとしたら、まずこの本がおすすめ。

●割合・比習熟プリント　小学校５・６年生用

三木 俊一／著

清風堂書店出版部　1350 円

割合・比が苦手な子は多い。ただ、この２つを理解していないと文章題が解けなくなる。本書は、基礎的な割合・比だけを習熟できる本。A ３サイズの大判なので、見やすく簡単に取り組める。

●中学入試 理科の文章で答える問題の答え方がすっきりわかる

●中学入試 算数の途中式も書く問題の答え方がすっきりわかる

●中学入試 社会の文章で答える問題の答え方がすっきりわかる

旺文社／編集

旺文社　各 900 円

記述問題の解き方の基本をわかりやすく解説。読み進めていくと、自分でステップを踏んで書けるようになる。記述問題の書き方がわからない子におすすめ。算数編、社会科編も。

●中学入試歴史の合格テクニック 100

●中学入試地理の合格テクニック 100

茂木 昌彦／著

学研　各 1100 円

テーマごとに覚えやすい暗記の方法がわかりやすい図解で解説。覚えるのに役立つ。社会は、覚える範囲も量も多いため、受験勉強時に非常に助かる１冊。

●理科や算数が好きになる５年生の読みもの

亀村 五郎 ／編集 , 和田 常雄／編集 , 守屋 義彦／編集 , 江川 多喜雄／編集 ,

鷹取 健／編集

学校図書　848 円

「よみがえった谷津干潟」「天体としての地球」「蘭学事始」「わたしたちの誕生」等、13 話を収録。知っておくと楽しくなる理科や算数の雑学の話が多数。苦手な子にも、得意な子にも役立つ。

理科や算数が好きになる６年生の読みもの

亀村 五郎 ／編集 , 和田 常雄／編集 , 守屋 義彦／編集 , 江川 多喜雄／編集 , 鷹取 健／編集

学校図書　848 円

「小数と分数の不思議な世界」「点字のしくみをさぐろう」「ガリレオの見た宇宙の姿」等、13 話を収録。知っておくと楽しくなる理科や算数の雑学の話が多数。苦手な子にも得意な子にもおすすめ。

秘伝の算数―算数の世界を楽しく極める 発展編（６年生・受験用）

後藤 卓也／著

東京出版　1619 円

『秘伝の算数　応用編』まで読み進めたあとに取り組む本。受験に必要な実戦的な解法がわかる。完全に上位校中学受験用。算数が得意で受験する子におすすめ。

12 歳までに、
たくさんのいい本に
触れよう！

おわりに　――子どもの可能性は無限大

「子どもにはしあわせになってほしい」

お子さんが誕生したとき、親ならば、誰もがそう願ったのではないでしょうか。

でも、日々子育てに追われていると、何をしてあげればいいのか、わからなくなってくることもあるのではないでしょうか。

そんなときに、ぜひ読んでいただきたいと思い、今回、20年以上培ってきた、子どもを伸ばすための考え方やノウハウを、1冊にまとめました。

いま、世界は激動の時代を迎えています。子どもたちが大人になる頃、いまある職業の半数以上がなくなっているといわれています。

2020年には大学入試の大改革が行われ、知識を問う問題から、考える力が求められる問題に変わっていきます。

社会でほしいとされる能力が、私たち親世代のときとは大きく異なってきているのです。

文部科学省も、これからの子どもに必要なのは「生き抜く力」だと発表しています。

「生き抜く力」があれば、どんな時代でも、活躍できる子に育ちます。

麻布中学校の入試に5位以内で入学した卒業生の親御さんが、お子さんがまだ低学年のとき、次のように話してくださっていたのを思い出します。

「目の前の成績は大事だけれど、それ以上に、将来子どもが生き抜いていける力を身につけさせてあげたいですね。それが結局、成績にも結びつくはずですから」

かけがえのないあなたのお子さんが、「生き抜く力」を手に入れて、学校生活や受験、そして将来を楽しんで生きられるよう、本書が少しでもお役に立てたら、これ以上嬉しいことはありません。

最後になりますが、この本を出版するにあたって、どんなときも温かい目で見守ってくださり、ご尽力いただいたすばる舎のみなさん。

企画や制作にあたっては、挫折しそうになった私を何度も励まし、付き添いながら完成させてくださったサイラスコンサルティングの星野友絵さん。

素敵なデザインにしてくださった井上新八さん、石山沙蘭さん。

出版の縁をつないでくださった岩谷洋昌さん、本当にありがとうございました。

RAKUTOに通ってくださっている保護者のみなさまや、スタッフにも、この場をお借りして、感謝の気持ちを申し上げます。

そして、愛するわが子のために、この本を手にしてくださったおとうさん、おかあさん。本書を最後までお読みいただき、ありがとうございます。

大切なお子さんの才能や学力が、グングン伸びていきますように。

2017年9月吉日　福島美智子

〈著者紹介〉

福島 美智子（ふくしま・みちこ）

◇－脳科学学習塾 RAKUTO 代表。20年以上、脳科学・心理学をベースにした児童向け教材開発に携わり、オリジナルの教育メソッド DMSK 法を開発。ディスカッション（D）、マッピング（M）、速読（S）、高速リスニング（K）を取り入れた授業で、地頭力、天才脳が育つ子が続出。６年間で９校舎まで育てあげる。

◇－「ずっと通いたくなる」「楽しい環境のなかで天才脳が育つ」とクチコミで評判を呼び続け、RAKUTO に通う生徒の継続率は 96%。また、平均 25% といわれている中学受験の第一志望合格率は 90% 以上を誇り、麻布、開成、渋谷教育学園渋谷、筑波大学附属、甲陽学院など、超難関校にも合格者を多数輩出している。

◇－大人になっても生きるホンモノの才能が開花することも多く、小学２年生で発明工夫展や美術展に入賞した子、小学３年生で IQ200 を超えた子、小学４年生で英検２級に合格した子など、幅広い分野で子どもたちの才能の芽を育てている。

【RAKUTO】
http://rakutogroup.co.jp/

**勉強が好きになり、IQ も学力も生き抜く力もグングン伸びる
最強の子育て**

2017 年 9 月 13 日　第 1 刷発行
2017 年 10 月 5 日　第 2 刷発行

著　者――福島 美智子
発行者――徳留 慶太郎
発行所――株式会社すばる舎
〒 170-0013 東京都豊島区東池袋 3-9-7 東池袋織本ビル
TEL　03-3981-8651（代表）　03-3981-0767（営業部）
振替　00140-7-116563
http://www.subarusya.jp/
印　刷――株式会社シナノ

ISBN978-4-7991-0496-5